Nichtkommerzielle Organisation:
Fonds von Grigori Grabovoi.
Einführung und Verbreitung der Lehre von Grigori Grabovoi
„Über die Rettung und harmonische Entwicklung"

GRIGORI GRABOVOI

VEREINHEITLICHTES SYSTEM DES WISSENS

Das Werk „Vereinheitlichtes System des Wissens"
wurde von Grigori Grabovoi im Juni 1996 geschaffen

RARE WARE Medienverlag (Publishers)
Roentgenstrasse 53
D-22335 Hamburg
mail@rare-ware.info
www.rare-ware.info

LEHRMATERIAL
für den Kurs von Grigori Grabovoi
„Technologien der vorbeugenden Prognose und sicheren Entwicklung",
bestätigt vom Bildungsministerium der russischen Föderation und
des internationalen Lehrstuhl-Netzes der
UNESCO

Hamburg 2010

RARE WARE Medienverlag
www.rare-ware.info

1. Auflage
Deutsche Erstausgabe, Dezember 2010
© **2010 der deutschsprachigen Ausgabe**
Dimitri Eletski, Hamburg (Herausgeber)

Übersetzung: Irina Proskurina
Lektorat: Sigrid Saxen

Weitere Informationen zu den Inhalten:
SVET Zentrum, Hamburg
www.svet-centre.eu

GRIGORI GRABOVOI

VEREINHEITLICHTES SYSTEM DES WISSENS

LEHRMATERIAL

für den Kurs von Grigori Grabovoi
„Technologien der vorbeugenden Prognose und sicheren Entwicklung"
bestätigt vom Bildungsministerium der russischen Föderation und
des internationalen Lehrstuhl-Netzes der
UNESCO

© Г. П. Грабовой, 1996

Die Verwertung der Texte und Bilder, auch auszugsweise, ist ohne Zustimmung des
Verlags urheberrechtswidrig und strafbar. Dies gilt auch für Vervielfältigungen, Über-
setzungen, Mikroverfilmung und für die Verarbeitung mit elektronischen Systemen.

ISBN: 978-3-942791-01-4   © Г. П. Грабовой, 1996

INHALTSVERZEICHNIS

Internationales Programm der Gesundung der Menschheit 4

System der schöpferischen Entwicklung 5

Arbeit mit der steuernden Information 11

Mechanismus der Entfernung der aktiven Matrixzellen 18

Struktur zur Steuerung der Ereignisse 23

Kanonisierung der Ereignisse auf einer beliebigen Ebene 26

Methode zur Steuerung der Situation in einer bestimmten Zeit 31

Grundlagen der Erkenntnis auf der Informationsebene bei der Einteilung
des Organismus in Phasen 34

Optimierung der zukünftigen Ereignisse 41

Struktur der Verbindung zwischen bestimmten Organen 50

Informations-Strukturen 59

© Г. П. Грабовой, 1996

Struktur der bipolaren Signale im Menschen   66

Methode zur Steuerung des Magen-Darm-Kanals und
der Rückenmarkflüssigkeit   69

© Г. П. Грабовой, 1996

1. Internationales Programm "Gesundung des Menschen"

In der letzten Zeit ist weltweit ein reges Interesse an der Tätigkeit von Grigori Grabovoi, Leiter des "Internationalen Programms zur Gesundung des Menschen" entstanden. Zur Methode der Gesundung gehören: Diagnostik, Informationsbearbeitung und Regenerationsprozess. In allen Arbeitsschritten wendet Grigori Grabovoi seine Fähigkeiten des Hellsehens und der Informationsfernsteuerung an. Zusätzlich wird eine digitale Diagnostik durchgeführt.

Grigori Grabovoi sagt:"Meine Aufgabe sehe ich nicht nur in der Heilung der Menschen. Ich führe die Regeneration (Wiederherstellung) der Materie unabhängig von ihrem Ausgangszustand durch. Dies beweist, dass die Zerstörung nicht endgültig ist, es zeigt Techniken zur Rettung der Menschen und trägt zur ökologischen Sicherheit der Welt bei".

Da Grigori Grabovoi den Organismus selbst nach dem biologischen Tod wiederherstellen kann, von Krebs und AIDS der 4. Stufe heilt (wenn bereits viele Organe zerstört sind), kann er selbstverständlich jede beliebige Krankheit heilen. Damit wird von Grigori Grabovoi das Unsterblichkeitsprinzip realisiert, als ein Verfahren zur Verhinderung der globalen Katastrophe, die der ganzen Welt droht. Der Wiederherstellungsprozess kann aus der Ferne gesteuert werden, ohne Beschränkung der Entfernung.

Zum Programm gehören ferner die Beseitigung der weltweit drohenden technogenen Katastrophen, sowie die Steuerung der Ereignisse, bis diese aus dem kritischen Zustand herausgeführt werden.

© Г. П. Грабовой, 1996

2. System der schöpferischen Entwicklung

Diese Vorlesung ist darauf orientiert, das nötige Ausgangswissen über das Element der Erkenntnis zu erlangen. Teilnehmende können dabei eine gewöhnliche Wahrnehmung haben, zum Beispiel eine vorläufige, für das Wissen um die feinstofflichen Strukturen. Natürlich wird in der Schulung das Niveau eines jeden Menschen und auch das Niveau des ganzen Auditoriums berücksichtigt.

Erstens: <u>Es geht primär um die Geometrie der Informationsform.</u> *Ich betrachte das äußere Ereignis, einschließlich des zukünftigen, als eine gewisse Informationsform.* Die einzelnen Elemente dieser Form verflechten sich in einer Art Mosaik, in der DNS-Struktur. Bei genauer Betrachtung der Eiweißform der Organisation der Materie (z.b. der DNS-Struktur) sowie der Nicht-Eiweißform (z.b. eines Steines) kann ein Gesetz abgeleitet werden: Die Reflexion der Eiweißform sieht aus wie die Schwingung einer kristallinen Struktur, z.B. eines Steines (einer Nicht-Eiweißform). D. h., aus der Sicht des Menschen ist das die Schwingung einer nicht lebendigen Materie, obwohl auch das angenommen ist. Von vielen Menschen wird die Welt "richtig" erkannt. "Richtig" hat in diesem Fall eine formelle Bedeutung, da es verschiedene Gesichtspunkte gibt. Ich gehe dabei von der orthodoxen Bestimmung des Lebendigen und Nicht-Lebendigen aus. Ich begrenze dabei zum schnelleren Verständnis speziell bestimmte Informationsbereiche auf einfache Formen, ohne deren Informationsgehalt zu verringern. Das hängt mit dem orthodoxen Verständnis zusammen, welches heute in den Mittelschulen, Instituten und anderen Lehranstalten vorherrscht. Deshalb berücksichtigen einige von mir eingeführte Begriffe das vorhandene Niveau der Wahrnehmung in assoziativer Form. Jedoch auf geistiger Ebene ist es jedem verständlich, da die Rettung alle betrifft.

© Г. П. Грабовой, 1996

Zweitens: Ich gebe das Wissen auf der Erkenntnis-Ebene des Geistes weiter. Das Gesetz lautet: *Die Ausstrahlung der kristallinen Struktur des nichtlebendigen Stoffes hat eine Schwingungsform der Information, die mit der Schwingungsform der Information, die von den Lebewesen ausgestrahlt wird, vergleichbar ist.* Demzufolge ist es erforderlich zu bestimmen, was ein Lebewesen und was ein nicht-lebendiger Stoff ist. In diesem Steuerungssystem existiert die Unterscheidung zwischen lebendig und nicht-lebendig nicht. Bei der Steuerung der äußeren Umgebung *existiert der Begriff "die Steuerung des äußeren Informationsumfanges", wo nur das Zusammenwirken mit einem gewissen reaktiven Milieu bestimmt wird.* Das System der Steuerungsgeschwindigkeit wird durch die Reaktionsstufe bestimmt. Ein Beispiel: Wenn wir uns die zukünftigen Ereignisse ansehen und uns diese als eine geometrische Konstruktion vorstellen, so ist klar, dass diese Konstruktion in einzelne Bestandteile zerlegt werden kann. Wenn eine Konstruktion der Ereignisse aufgebaut oder zerlegt wird, so kann man feststellen, was man gegenwärtig auf der Bewusstseinsebene tun muss, damit diese Konstruktion der Sachlage entspricht. Für die Ausheilung einer Krankheit besteht die Aufgabe in der Rekonstruktion der Information der Krankheit und in der Konstruktion der Information der Gesundheit. Bei der Betrachtung von konkreten Beispielen der Wiedererlangung der Gesundheit mittels der Übertragung von Information in Formen ist es erforderlich, diese Ergebnisse für die Heilung beliebiger Krankheiten zu verallgemeinern. Auf der Grundlage der Prinzipien der Übertragung in Formen können konkrete Methoden zur Steuerung beliebiger Ereignisse geschaffen werden einschließlich der Ausheilung beliebiger Krankheiten.

Ein weiteres Beispiel: es gilt den Magen-Darm-Kanal zu regenerieren. Das ist die Ausgangs-Information, die Anfangs-Informationsform. Sie hat die Form eines Zylinders. Die Zylinderbasis befindet sich auf einem flachen Blatt und hat einen Durchmesser und eine Höhe von je 2 cm. Im zukünftigen Ereignis hat die Information eine Kugelform und befindet sich, geometrisch gesehen, auf der gegenüberliegenden Fläche und im gegenüberliegenden Raum des Blattes. Es entspricht den Bedingungen, die zu beweisen sind: kein Krebs mehr, der Magen-Darm-Kanal ist wieder aufgebaut. Das heißt, das Blatt ist das Symmetriezentrum: Auf der einen Seite befindet sich die Kugel mit dem Durchmesser von 2 cm, auf der anderen Seite der vergrößerte* Zylinder mit dem Radius von 2 cm. Warum führe ich diese Zahlen ein? Ich erkläre die Struktur, um zu verstehen, *dass die Kugel ein Element ist, das ein absolutes Koordinatensystem darstellt.* Wird die Kugel aus der Entfernung betrachtet, kann sie sich im Raum-Zeit-Kontinuum verdichten. Nähern wir uns ihr, so kann sie sich "abschichten" . Das ist ein Mechanismus zur Erforschung der Realität auf der Erkenntnisebene des Menschen. Wenn Sie das verstehen, werden Sie die Ereignisse sowohl aus der Ferne als auch aus der Nähe betrachten können. Sie haben damit die Analyse in der Hand.

Um zu verstehen, was eine Abschichtung ist, verwende ich das Konzept des schichtenartigen Aufbaus der Erkenntnis. Hier untersuchen Sie Ihren eigenen Prozess aus der Sicht der vergangenen Ereignisse. Hier spiegelt sich ein Element der Vergangenheit wider. *Die Wiederherstellungsmethode ist die, dass ein Element des Zeitintervalls der vergangenen Zeit mit dem Raum des geänderten Gewebes korreliert und aus der Information der Zukunft herausgenommen wird.* Diese Information muss so herausgenommen werden, dass weder die Konstruktion der Ereignisse noch ein neues Informationsobjekt verletzt wird. *Das erreicht man über das Aufbauen eines positiven Niveaus in allen Ereignissen des Makro- und Mikromilieus.* Das ist ein Entwicklungssystem ohne Zerstörung der äußeren Information.

Zum Beispiel liegt ein Buch auf dem Tisch mit praktischen Methoden für die

---

*(Anm. d. Red.: Der Zylinder vergrößert sich, wenn er mit Information über die Krankheit aufgefüllt wird.)

© Г. П. Грабовой, 1996

Umgestaltung der Information. Daraus entsteht eine positive Informations-quelle, da sie eine Struktur über ein Element wiederherstellt. Nehmen wir an, ich nehme ein Buch, blättere darin bis zum Paragraphen über das geistige Wissen und schaue auf die Seite 52*, auf die dritte Zeile von oben: "... Aufwachen durch die Abgeschiedenheit, Abgang". In diesem Informationssegment geht es darum, dass man zum Aufwachen kommt, indem man sich zurückzieht, sich vom Ereignis entfernt, also ein äußerer Beobachter wird. Dadurch wird eine gewisse wiederbelebende Kraft ins Leben gerufen. Sie kann als menschen-freundliche Informationsform unbestimmter Eigenschaft bezeichnet werden. Der Mensch kann sich davon vom Ereignis fernhalten, um sie zu optimieren, zu analysieren, zu messen usw.

Auf diese Weise *muss man solche Quellen finden, die auf den Menschen positiv wirken und ihn regenerieren.* Dabei ist es unwichtig, was das ist. Das können Erinnerungen an positive Ereignisse in der Vergangenheit sein oder eines der Leseverfahren: Ich nehme z.B. das Buch und finde sofort gerade diese Zeile usw. Sie können sich jetzt im Prinzip solch ein Element anschauen. Ich zeige Ihnen erneut die Seite 52, 3. Zeile. Sie lesen sie durch, und ich beobachte, wie sich die Information Ihres Zylinders verändert. Die Silbe "Auf-" (Auf-wachen) bleibt außerhalb der dritten Zeile. Ich zeige Ihnen nur die 3. Zeile. Wenn wir in Ihrem Fall eine tiefere Wortanalyse machen, bleibt nur noch "...wachen". Die Silbe "Auf" bleibt eine Zeile darüber (2. Zeile). Es gibt ein Plasma, es gibt ein Protoplasma. Oder ein anderes Beispiel: das traditionelle Wissen und das Protowissen. Hier existiert ein System des Protowissens, d.h. ein System des Duplikats im Archiv. Auf der Informationsebene gibt es immer eine kanoni-sche Form - ein archiviertes Duplikat Ihrer Gesundheit. Das Ziel besteht darin, dass Ihr archiviertes Duplikat s. o. – d.h. die Protostruktur – aktiviert wird und

---

*(Anm. d. Red.: In diesem Fall handelt es sich um das Grundprinzip der Arbeit mit den Büchern von Grigori Grabovoi.)

auf die Ebene der realen Struktur übergeht.

Eines der Steuerungselemente ist *die Steuerung über das System der Aktivierung der verborgenen Steuerungs-Strukturen.* Warum wird die Computer-Visualisierung für einige Informationsverbindungen vorgenommen? Weil dadurch die Wahrnehmung ausgerichtet wird. Wenn es um Vorstellungen über die Chakras geht, so läuft dort die Handlung *auf der Nirvana-Ebene* ab. Das ist die Verschmelzung der mentalen äußeren Strukturen zu einem absoluten Punkt, in welchem das gesamte Wissen, sowohl das ziemlich komplizierte als auch das einfache, gesammelt wird und der Prozess der Anregung der Lebenskräfte beginnt. *Der Mensch gelangt in die Steuerungsstruktur und beginnt über die äußeren Quellen zu steuern.*

Wenn Tibet von einer speziellen Position aus betrachtet wird, so sieht man, wie dort der Raum, die Raumfarbe und Raumschichtung geändert sind. Dort *sind die kanonischen Gebiete für das Verständnis vereinfacht. Wenn dort eine Farbanalyse durchgeführt wird, kann man verstehen, wo die wiederherstellende Kraft ist.*

Anhand des Dargestellten, nehmen Sie gedanklich die Kugel unter dem Blatt, die die Widerspiegelung Ihres Programmes darstellt, jedoch schon in abgeänderter und ins kanonische gebrachter Form. Weiterhin schaffen Sie ein positives Ereignis und gestalten den Denkprozess. Ich spreche schon nicht darüber, dass man essen oder irgendwo hingehen muss, da das zu viel Zeit in Anspruch nimmt. *Es ist einfacher und schneller, denken zu lernen, im Vergleich zu dem, wie eine gewisse Information, die der Krankheit entspricht, fortschreitet.*

1.   Deshalb beginnen Sie anhand dieser Struktur zu suchen, was eine kugelförmige Sphäre ist. Sie fühlen diese, da sie logisch verständlich ist. Wenn sie logisch zu verstehen ist, so existiert sie natürlich auch. Viele Menschen, die keinerlei Probleme haben, leben in letzter Zeit über 100 bis 150 Jahre. Es ist

© Г. П. Грабовой, 1996

klar, dass es z. B. eine gewisse Struktur für die Initialisierung des Menschen in der Gesamtinformation gibt. Das Denken ermöglicht die selbständige Initialisierung des Aspektes der Unzerstörbarkeit des Menschen. Wenn ein Organ entfernt wurde, ändert das die Ausgangslage. Es kamen bereits Menschen mit entfernten Organen zu mir. Nach meiner Heilsitzung, wurde eine Röntgenaufnahme gemacht und das Organ wurde wieder an seinem Platz vorgefunden. Konkret: Eine Geschwulst im Harnleiter, die herausoperiert wurde, Entstehung von Lungengewebe, Regenerierung des Magens, Wachsen von gezogenen Zähnen bei Erwachsenen usw. Die Möglichkeit der Wiederherstellung der Gewebestruktur, die chirurgisch oder infolge eines Unfalls entfernt wurde, ist nicht zu leugnen. Obwohl das für die orthodoxe Medizin ungewöhnlich ist, sind die Ergebnisse meiner Heilsitzungen – Wiederherstellung des entfernten oder zerstörten Körpergewebes – bewiesen und durch ärztliche Gutachten bestätigt. Dazu beobachteten Chirurg(inn)en die Regenerierung der Organe während meiner Sitzung, indem sie die Patient(inn)en mittels Röntgen, Computertomographie und unmittelbar während der Operation untersuchten. Durch meine praktischen Ergebnisse habe ich die Möglichkeit der vollen Wiederherstellung des zerstörten Gewebes bewiesen, was seinerseits die Notwendigkeit der weiteren schöpferischen Entwicklung beweist. *Deshalb lassen Sie uns den Weg der vollen Wiederherstellung gehen und stellen uns diese Kugel in der kanonischen Form als eine völlig wiederhergestellte Struktur vor. Es gibt eine Konzentration der Aufmerksamkeit auf die Lösung dieses Problems.* Das Bewusstsein kommt mit dem Körper des kranken Menschen und der äußeren Umgebung in Berührung. Die Materie sowie der Geist des Menschen formen die Realität im Rahmen der allgemeinen Wechselbeziehungen. Deshalb verändern wir, während wir uns auf die Körperbereiche konzentrieren, die Realität im allgemeinen Sinn und folglich harmonisch im gesamten Schaffungsgebiet. Ich erkläre eine der Techniken für die Steuerung. Selbstverständlich kann man diese auch noch für eine unzählige Menge von Varianten weiter entwickeln. Für diese Praxis der Erkenntnis zeigt folgende Technik besonders viel Erfolg:Konzentrieren Sie sich von 22:02 Uhr bis 22:04 Uhr auf den Zeigefinger der rechten Hand, d.h. zwei Minuten, während Sie sich das erwünschte Ergebnis vorstellen.

Das kann jeder Mensch machen, der mit Hilfe meines Wissens schöpferisch steuert.

Ich habe mich dieses Ausgangssystems bedient und es vereinheitlicht. Man kann natürlich auch ein beliebiges anderes System benutzen. *Ich arbeite mit den Elementen Ihres Verständnisses und Ihrer Reaktion, die ich verfolge.*

2. Zweites Element: Konzentration auf das Nacheinander der Farben Rosa, Gelb, Grün, Rot, Blau, Violett. Sie nehmen diese Farben und stellen sich diese nacheinander vor. *Auf die Farbe, die sich als besonders dominant erweist, konzentrieren sie sich fünf Minuten. Das ist Ihr Training.* Dadurch wird die Sphäre der erwünschten Ereignisse in der Zukunft wieder aufgebaut. Wie sie wieder aufgebaut wird, das müssen Sie selbst herausfinden. Es ist wünschenswert, dass Sie das jetzt und auch zukünftig verstehen. Sie müssen verstehen, wie ich bei der Wiederherstellung denke. Dann vollzieht sich die Synchronisation und Sie gelangen schneller zum Erfolg.

3.   Arbeit mit der steuernden Information

Bei der Arbeit mit der steuernden Information gibt es Etappen, in denen das Verhältnis der Funktionen der Steuerung – d. h. das Verhältnis ihrer steuernden Struktur mit den real ablaufenden physischen Prozessen – durch die primäre Ausrichtung bestimmt wird.

Erste Etappe.

Sie wird wie folgt bestimmt: *Bei der Steuerung ist es wünschenswert, dass keine schmerzlichen (seelischer, schmerzhaft körperlicher Schmerz) Empfindungen vorhanden sind.* Es ist die Normalisierung des Zustandes anzustreben, obwohl bei verschiedenen Geschwülsten starke toxische Wirkungen bestehen, die durch das Auflösen der Geschwülste und deren nachfolgende Ausscheidung über das Zellgewebe verursacht werden. Dennoch muss man dasselbe Steuerungssystem dafür nutzen, um diese Effekte und diese toxischen Reaktionen zu vermeiden. Bei der Steuerung der Ereignisse muss man eine Norm der eigenen Ereignispositionen haben.

Das Modell der Entfernung der Informationen außerhalb des Muskelbereiches. Das ist ein praktisches Modell. Es erfolgt die Herausführung der Informations-Struktur der sich abbauenden Geschwulst in das Nicht-Muskelgewebe. *Dabei muss man sich vorstellen, dass Sie das gespaltete Geschwulstgewebe zwischen den Muskeln durchschieben und in einen Raum hineinbringen, in dem es informativ keine Haut gibt.* Logisch gesehen, muss man dabei die Haut überwinden. Wenn Sie die Geschwulst in einen Raum hineinbringen, wo sie sich in ein Nicht-Geschwulst-Milieu umwandelt, so bringen Sie dort die Information einer ebensolchen Umwandlung unter. Es soll Sie dabei aber nicht interessieren, dass es hier Haut gibt. Ein ganz anderer Gesichtspunkt gilt für den Organismus. Einige Schmerzerscheinungen, die sich über das periphere Nervensystem außerhalb des Gehirns ausbreiten, werden durch die Abhängigkeit des Zellensystems von den Neurosignalen bestimmt.

Vorher, als der Prozess sich organisierte, wurden die Matrixformen festgelegt, d. h. die Information über die Wiederherstellung der geänderten Zellen. Sie hat die Form einer Nicht-Zellenstruktur. Wenn geänderte Zellen (typische Tumorzellen) auftreten, so stellt eine der Varianten des Milieus ihrer Wiederherstellung die Art einer unveränderten Gewebestruktur dar. Das bedeutet, dass sich die Zelle aus der Fettschicht des intermuskulären Gewebes organisiert (bildet), manchmal auch aus dem Muskel, seltener aus dem

Knochen. Dabei verändern sich jedoch die umliegenden Zellen im Moment dieser Organisation (s. o.) nicht. Wenn die Zelle beginnt, sich durch die Informationsbereiche des Körpers zu bewegen – durch das Gewebe, das Blut, die Muskelstruktur, das Kapillarsystem - kann sie daher auch an einer Stelle stehenbleiben. Sie kann um sich herum einen verdichteten Bereich entstehen lassen, dadurch, dass es dort sogenannte Zell-Abflüsse und Zell-Quellen gibt. Es sind Abflüsse, wenn die Verdichtung in Form einer Geschwulst gebildet wird, es sind aber Quellen, wenn die Gewebe aufgelockert werden. Dabei verändert sich die Informationsstruktur und auch die Molekularstruktur der umgebenden Zellen. Der Kern der gesunden Zelle verschiebt sich, und es entstehen andere Prozesse, die man auch kennen sollte. Sie gehören zu den Blutkrankheiten. Trotzdem unterliegt das Blut Veränderungen, wenn es sich um Tumorprozesse handelt. Besonders trifft das dann zu, wenn eine Resektion durchgeführt wurde. Für die Steuerung beliebiger Ereignisse muss man die Information, die mit der Information der normierten Zellen übereinstimmt, in eine Information der zellinneren Ereignisse umgestalten. Dann ordnen sich die Makro-Ereignisse durch Wiederherstellung der Mikro-Ereignisse.

Zweite Etappe.

Jetzt geht es um die Wiederherstellung der Gewebestruktur, falls diese entfernt wurde.

Bei der Wiederherstellung der Geschwulst-Strukturen zur Norm muss man wissen, dass einer der Beschleunigungsfaktoren bei dieser Wiederherstellung die Struktur der Kompensation der Organe ist. Die Informationsstruktur ist die primäre Struktur, da die Wiederherstellung der Zellen im ganzen Körper auf der Kompensationsebene ablaufen soll. Der Organismus sollte in informationellem Kanon sein, zumindest dann, wenn mit ihm gearbeitet wird. Vom Gehirn aus verläuft eine Neuronenverbindung zu der Struktur, wo es eine

© Г. П. Грабовой, 1996

Matrixform gibt, die bereits vorher organisiert wurde. Man muss eine der folgenden Formen für die Steuerung der Signale und Zellen verstehen. Ich gebe kein Material zum Begreifen, ich gebe es zum Verstehen. Was ich damit meine, erkläre ich hier. In jedem Moment muss man etwas Neues verstehen. Das Begreifen ist ein zusammenfassendes Moment. Die Technik des Zuganges zur Information ist so, dass es in einem beliebigen Moment eine Methode gibt, die nach verschiedenen Kriterien unterschiedlich begriffen werden kann. Man braucht ein Anfangswissen. Die Startstruktur kann man selbst entwickeln. Ich gebe folgendes System: Wenn ein Mensch beschlossen hat, überhaupt nicht zu sterben, dann sollte er sich in einem ständigen Denkprozess befinden. Spricht man darüber, dass Jesus die Epoche der Nichtsterbenden prophezeit hat, einschließlich der Epoche der Auferstehung, so entsteht die Frage über das Raum-Zeit-Kontinuum dieser Realität. Wo, wann, über welchen schöpferischen Weg soll das möglich sein? Wo sind die Archive der Informationen, die erneuert werden sollen, in welchem Raum? "Technisch" wird die Frage von Auferstehung und Unsterblichkeit im physischen Körper auf der Ebene konkreter Praktiken gelöst. Zum Beispiel wird eine Tumorzelle zerstört, wenn ich dem Wort "Unsterblichkeit" oder "Auferstehung" bei der Audioaufnahme eine Schwingung gebe. Das bedeutet, dass diese Wörter „heilsam" sind. Schon daraus folgt, dass diese Prozesse untersucht werden müssen. Wenn aber Menschen kommen bei denen die Gewebestruktur fehlt (Röntgenbild zeigt kein Gewebe) und sie dann wieder entsteht – so ist das bereits die Wiederherstellung des Gewebes - die Regeneration. Und wenn man sich in die Struktur des Verständnisses vertieft, so ergibt es sich, dass dieses Ergebnis auf alle anderen Organe übertragen werden kann – falls der Mensch das versteht. Und derjenige, der das schneller versteht, der löst das Problem mit höherer Geschwindigkeit.

Die Struktur der Wiederherstellung der Organe, die operativ entfernt wurden (Resektion).

Momentan spreche ich nur über die „Ebene". Das ist nicht ganz eine Matrixebene - ich erkläre, woran das liegt. Das kann die Ebene Ihres Denkens oder auch des Verständnisses von sich selbst sein. Wenn es darum geht, dass etwas wiederhergestellt werden muss, existieren in diesem Fall Kriterien für die Wiederherstellung des Bewusstseins. Diese Kriterien sind dadurch bestimmt, dass ein sehr massiver Informationsbereich existiert: Bei der Resektion von Organen wird das zerstörte Gewebe nicht wieder aufgebaut. Warum verwende ich die Mathematik? Da es schwer ist, eine Formel abzulehnen. Es ist kompliziert, sie wegzuschieben. Man kann sie aufschreiben, auf ein Blatt Papier legen, und damit ist alles schon erledigt. Auf der Denkebene existieren gewisse Argumente für den Menschen, dass das nicht möglich ist. Das ist ein sehr ernster Faktor. Ich habe z. B. eine Sitzung zur Neuentstehung des Gewebes für die Publikation in einer Zeitung durchgeführt. Ich habe Materie (zwei Gegenstände) in einer Wohnung, die mir unbekannt war, entstehen lassen. Es wurde ein Protokoll erstellt, alles wurde aufgeschrieben und mit dem Stempel der Zeitungsredaktion beglaubigt. In dieser Sitzung gibt es ein Hauptelement: Die Wahrnehmung der Zeugen, die zum ersten Mal die Materialisierung beobachtet haben, darf nicht verletzt werden. *Das Experiment darf erst dann durchgeführt werden, wenn alle dasselbe Ziel vor sich haben und die Gewebeentstehung zulassen.* Sobald sie von allen zugelassen wurde, erschienen die beiden Elemente. In diesem Punkt und in diesem Raum entsteht ein Stoff. Er kann anorganisch sein.

Wenn eine Struktur entsteht, die im Körper des Menschen fehlte, kann sie funktionsfähig sein. In der entstandenen Materie gibt es weder ein logisches noch ein deterministisches Problem. Hier ist es das Problem des Eintrittes in die Gewebestruktur auf der Ebene ihrer Funktionalität, z. B. die Unendlichkeit.

© Г. П. Грабовой, 1996

Wenn bei einem Menschen ein Lungenteil fehlt, so kann man eine Struktur projizieren, die im Prinzip unzerstörbar ist. Es existieren ähnliche historische Tatsachen. Ich bin Praktiker und führe meine Arbeiten in der Praxis durch. *Bei der Wiederherstellung der Informationsform, wenigstens auf der Denkebene, wenn Sie über Wissen zu dieser Tatsache verfügen, muss man die Informationsform in die Realität umsetzen. Das Wichtigste ist hier das Element des Zulassens,* d. h. es ist eine Frage des Standpunktes. Sobald Sie diesen Standpunkt zulassen, läuft alles viel einfacher ab. Die Wiederherstellung vollzieht sich nach dem Phantom (der „Vorlage"). Der Mensch aber muss verstehen, was er tun soll, damit das geschieht. Es gibt eine Ebene unterschiedlicher Methoden. Ich gebe hauptsächlich das an, was nach meinem Verständnis viele Aspekte miteinander verbindet.

Es gibt Ereignisse in der Zukunft. Diese haben eine unendliche Variationsbreite. Ein Ereignis enthält eine unendliche Zahl an zukünftigen Ereignissen. Das ist die zukünftige Information. Das ist deshalb so, weil die Vergangenheit durch das Moment der Entstehung begrenzt ist. Das ist ein ziehmlich kompliziertes – psychologisches und soziales – Kriterium. Die Zukunft aber ist ziemlich unklar. Auf dieser Unklarheit basiert die Aktivierung der Zellenstrukturen. Das zukünftige Ereignis ist ein Element der Verdichtung der Information von heute. *Um ein Organ, ein Gewebe oder einen ganzen Organismus aufzubauen, muss man über das System der Aktivierung der Konturen des Bewusstseins des Menschen im Moment seiner Wahrnehmung nachdenken. Die Kontur des Bewusstseins ist ein Raum-Zeit Begriff.* Ich gebrauche hier sofort die spezifische Terminologie, damit viele Momente nicht mit Hilfe der Geometrie beschrieben werden müssen. Diese Begriffe sind auch so verständlich.

Wenn wir weiterhin darüber sprechen, *wie das Gewebe bis zur Ebene der absoluten Gesundheit zu verdichten ist, so müssen wir dafür in den zukünftigen Ereignissen jene zeitlichen Konstruktionsintervalle und jene zeitlichen Raum-*

konstruktionen finden, die wir errichten. Anders ausgedrückt, man wird sofort, in der nächsten Sekunde, ein gesundes Gewebe erhalten, wenn man richtig an das System der Nicht-Zerstörbarkeit der äußeren Welt herangeht. Außerdem kann man mit einem Computertomographen beobachten, wie sich das Geschwulstgewebe während meiner Sitzung auflöst. Dieser Prozess muss nicht lange dauern. Die Frage besteht darin, wie man den Prozess so gestalten kann, dass nach Erreichen der Normalität die Beständigkeit jeder Struktur unendlich wird. Diese unendliche Linie der zukünftigen Ereignisse hat auch noch die Eigenschaft, Druck zu erzeugen: den Druck auf die Gegenwart. Ich habe das mit Absicht in Intervalle eingeteilt. Es gibt ein Schema: Zukunft, Vergangenheit, Gegenwart. Die Variante ist die, *dass die Druckachse des unendlichen Spektrums der zukünftigen Ereignisse hinreichend steuerbar ist. Die Quelle der Informationsstruktur ist bei den Messungen der Punkt zwischen den Augenbrauen. Im Durchschnitt geht bei dem Menschen von dort ein 5 Meter langer Abschnitt aus,* und das bei jedem, bereits von der Geburt aus. Die Länge dieses Abschnittes schwankt um ± 2 mm.

Diese Informationslinie wird gesteuert. Sie wird technisch durch die Konzentration der Aufmerksamkeit auf den Zeigefinger der rechten Hand von 22:00 Uhr bis 22:17 Uhr in eine vertikale flächenhafte Struktur überführt. *Das ist ein System der verstärkten Konzentration. Indem man sich von 22:00 Uhr bis 22:17 Uhr auf den rechten Zeigefinger konzentriert, wird die Informationslinie in eine senkrechte Fläche umgewandelt. Dies verstärkt die Konzentration.* Sie konzentrieren sich einmal und es entsteht ein gewisser Doppel-Raum. Sie konzentrieren sich auf denselben Finger zum zweiten Mal. So entsteht ein Doppel-System. Sie haben jetzt zwei Informationsgebiete, die einer Hand entsprechen. Das erste ist das real Existierende. Sie führen die Information über das zweite Gebiet ein - bei gleichzeitiger Errichtung der Matrix des zweiten Gebietes - und beginnen mit der Schaffung des Gewebes. *So erschafft man das*

© Г. П. Грабовой, 1996

Gewebe! Bei dieser Technik wird das Ereignis, das als ein ausgehender Strahl (mit unterschiedlicher Stärke bis zu 1 - 2 mm) bei der Messung aufgenommen wird, auf das Gebiet der gebildeten Materie projiziert. Man muss wissen, wie man dieses flächenhafte Steuerungssystem in die Wahrnehmung im Raum überführen kann. *Sie bewegen sich, essen, beobachten etwas, und diese Fläche stellt Sie ständig wieder her. Die Rede ist von der Schaffung gewisser Informationsstrukturen, die ununterbrochen das Gewebe wiederherstellen.*

Das ist eines der Elemente für die Steuerung der Raum-Zeit-Anschauung.

Haben Sie diese Anschauung, können Sie auch nicht von einem Berg herunterfallen. Hier gilt das Prinzip der Levitation. Das Niveau des Nicht-Umkommens: fällt man runter, beginnt man sofort zu levitieren. Es existiert das System der Existenzerhaltung. Man muss danach streben, dass es absolut wird. Dann wird es einfacher, viele Prozesse zu verstehen. Wenn vom ideologischen Standpunkt aus die Bestrebung zu diesem natürlichen Überleben und Gewebe-Wiederaufbau vorhanden ist, sind viele Prozesse einfacher zu verstehen. Die Mathematik ist eine Wissenschaft, die mit unendlichen Reihen operiert, und deshalb ist sie der Realität angenähert.

In diesem Material werden Überlegungen, Methoden und konkrete Praktiken vorgestellt. Es gibt aber eines der Gesetze, nach dem die Überlegungen bereits eine Steuerungspraxis darstellen, sogar mehr als das, als etwas Physisches. Das Ziel ist nur das eine – es gibt ein Problem, und nur dieses muss gelöst werden. Die Gedanken des philosophischen, konzeptionellen und technischen Planes müssen bis zur vollständigen Problemlösung anwendbar sein.

4. Mechanismus der Entfernung der aktiven Matrixzellen

Es existiert ein <u>Mechanismus zur Entfernung der aktiven Matrixzellen,</u> die die geänderten Tumorzellen wiederherstellen: über die erhöhte Filtration der Galle. Praktisch entsteht eine isomorphe Form. Eine Isomorphie-Erscheinung auf der Informationsebene liegt vor, wenn die Zelle durch natürliche Strukturen der Entfernung abgegrenzt ist. Im Darm und in den anderen Organen gibt es ein System zur Abführung der Galle. Die Ströme, die in dieser Hülle der Galle untergebracht sind, werden nicht fixiert, und sie werden effektiv abgeführt.

Die Spezifik besteht darin, *dass ein Element der Schwäche entsteht, wenn die Galle in großem Umfang abgeführt wird.* Das ist aber ein nichtaktives Element, welches mit den Hauptfunktionen des Organismus verbunden ist. Es ist ein sekundäres Element. Es gibt für den Organismus einen optimalen Prozess zur Abführung der Galle. Wenn es jedoch eine Überhöhung gibt, so entsteht die genannte Schwächung. In jedem Fall aber sind keine Komplikationen zu erwarten, nicht einmal im Befinden. Das eine ist der objektive Prozess. Es soll möglichst keine Verschlechterung des Befindens geben. Das Wichtigste ist die Lösung konkreter Probleme mit hinreichend genauer Korrektur in Bezug auf die Wirklichkeit. Man muss die realen Probleme lösen und deren genaue Ausführung auch real diagnostizieren, ohne irgendwelche Bedingungen. Ausgehend davon muss man verstehen, dass es *ein Informationszentrum des Menschen gibt. Ich vergleiche die Information, die dem Begriff dieses Zentrums entspricht, mit der Information des Mikro-/Makro–Milieus auf der Zellebene* – das ist eine der Positionen zum Begreifen des Begriffes "Kundalini". In jeder Zelle gibt es gewisse Mikroprozesse, die von der Struktur der Funktionalität der Zelle bestimmt werden, es gibt das Zusammenwirken mit dem gesamten äußeren Umfeld und auch mit den Segmenten dieser Zelle.

Letztendlich erscheint ein gewisser Punkt, an dem es überhaupt nichts gibt – Leere, Unendlichkeit - und in der Statik nicht bestimmte Wechselwirkungen auf der Ebene der visuellen Wahrnehmung. *Wenn eine Zelle in Millionen von Elementen aufgeteilt wird, so wirkt jedes Element mit der ganzen*

© Г. П. Грабовой, 1996

Umgebung zusammen und ebenfalls mit jedem Element des Organismus. Das
Ganze kann man noch einmal in eine Million aufteilen. Und damit beginnt ein
Empfinden der Lichtleere, d. h. ein gewisses Weiß, und es entsteht der Begriff
der "Quelle". Der Begriff Kundalini wird so übersetzt: "Kun" – aus, "dali-
ni" – von dem Licht ausgehend – eine altarabische Übersetzung. In indischer
Interpretation bedeutet Kundalini Energie, eine Kraftcharakteristik. Ich erklä-
re das aus der Sicht der viel früheren Zeit, entstanden in Ägypten. Auf diese
Weise hat das Informationszentrum des Menschen eine der Projektionen im
Bewusstsein des Menschen, genannt Kundalini. Die anderen Projektionen zu
bestimmen und diese mit den bekannten oder neuen Bezeichnungen zusam-
menzuführen ist möglich, wenn man das Gesetz des Bewusstseins kennt: Die
Bewegung des Gedankens ist im Gedanken selbst begriffen.

Wenn man betrachtet, dass das die Quelle von allem ist, so kann man verste-
hen, dass auch die Quelle der Geschwulstprozesse durch das Lichtspektrum
bestimmt ist.

Man muss verstehen, wie auf dem Hintergrund des weißen Spektrums andere
Strukturen – die Energien des Weißen – wiederhergestellt werden. Man muss
die Struktur zum Begreifen des Weißen herausführen. *Das Begreifen des Wei-*
ßen und die Energien des Weißen sind unterschiedliche Informationsstrukturen
und Informationsformen. Ich rede über das Begreifen des Weißen, weil auf
dem Weißen alles zu sehen ist. *Wenn der Organismus auf der Strukturebe-*
ne der weißen Farbe betrachtet wird, so erzeugt eine beliebige Änderung der
Information des Organismus, andere Farben. Ich gebe Ihnen hier die Struktur der primären Diagnostik, der Selbstdiagnostik. Schnelle Prozesse, wie
Geschwulstprozesse, erfordern ständige Diagnostik. Vor dem Schlafengehen
konzentrieren Sie sich auf das rechte Ohrläppchen und stellen sich auf die
Wahrnehmung der weißen Farbe ein. Eine beliebige Abweichung vom Weißen während des Schlafens, ohne überflüssigen Aufwand an Denkenergie (im

Schlaf) kann zur Kontrolle über den Gesundheitszustand führen.

Die Kontrolle ist schon die Lösung des Problems. Dieses ist die Entstehung der nächsten Zellen und damit die Vorbeugung von Rezidiven. Ein anderes Moment ist, dass *keine negative Information entstehen darf, auch auf der Denkebene nicht.* Eine Information über die Zellenstrukturen, die einem gesunden Körper nicht entspricht, darf nicht einmal auf der Informationsebene entstehen. Deshalb *muss man, wenn man darüber spricht wie man aus dem Gewebe die Geschwulststrukturen herausführt, über die Öffnung der Informationskanäle nachdenken.* Dafür existiert die Sicht auf den Himmel. Der Mensch nimmt das über seine Schultern wahr. Um den Kopf herum reagiert er auf die Kontur der blauen Farbe, und von oben aus auf den Himmel. Das ist die Öffnung des Informationskanals. Dabei empfindet man den Himmel als einen Ausgang der Zellinformationen über den Kopf.

1)   Der Ausgang soll dabei kontrolliert werden. Es existiert eine Bewegungsbahn der Zellenzusammensetzung auf der Ebene des Denkprozesses, wo die sich überschneidenden Zellen ein Segment der sekundären Matrix bilden. Es entsteht eine Verzögerung der Ereignisse auf der Ebene der Matrixformen. Die auf der Informationsebene ausfliegenden Zellen sollen sich nicht überschneiden und keine Lichtschattierungen erzeugen. Es entsteht die Notwendigkeit der Kontrolle der Lichtimpulse. Wenn man eine Durchsicht vornimmt, so entsteht ein interessantes Bild. Die Hauptsache ist, dass sie sich nicht überschneiden. Man muss kleine parallele Konturen-Systeme organisieren, für jede einzelne Zelle eine gesonderte Kontur bestimmen. Man muss sich auf der Ebene der Konturen, die den Kopf umgeben, einige Kreise und Zylinder vorstellen. *Jede Zelle ist über einen separaten Zylinder herauszuführen. Dabei dürfen sich die Zylinder nicht überschneiden. Das ist das Modell des Gehirns.* Wenn eine Approximation zur Materie erfolgt, so ist dies das Modell des Gehirns. Bei der Arbeit mit den äußeren unendlichen Strukturen funktioniert das Gehirn

in eben dieser Modellform. Es arbeitet auf der Ebene der sich nicht überschneidenden Signale. *Das Verstehen dieser Struktur beschleunigt den Denkprozess*
um ein Vielfaches und in höherer Qualität und der Prozess der Regenerierung
der Tumorzellen schafft es dabei nicht, sich in die Information Ihres Orga-
nismus einzuschleichen. Auf diese Weise schützt bereits schon das einfache
Verstehen. Anhand dieses Prinzips kann man einen Schutz gegen beliebige negative Einflüsse ausüben. Ihr Organismus beginnt auf eine äußere Information
schneller, als auf eine Geschwulst-Information zu reagieren. Die Geschwulst
ist eine gewisse intellektuelle Kraft, die eine informative Kraft hat, ihre Gesetze der Ausbreitung sowie ihre Zielfunktionen. Sie müssen das bewältigen!
Wobei man einen Mechanismus haben muss, wie man das bewältigt. Indem
Sie meine Struktur zur Informationssteuerung anwenden, fassen Sie den Beschluss, welche Methode anzuwenden ist. Ich führe absichtlich vereinfachte
Varianten an. Das ist einer von mehreren Standpunkten. Dieser vorliegende
Standpunkt gibt sogar den Menschen mit der 4. Stufe der schnell metastisie-
renden Krebsform die Möglichkeit, nach meinen Sitzungen oder gedanklicher
Zuwendung an mich ihre vollkommene Gesundheit wieder zu erlangen. Sie
müssen den Standpunkt im gegenwärtigen Moment auswählen. Bemühen Sie
sich, beliebige, auch wenig bekannte Methoden anzuwenden, die jedoch positive Strukturen besitzen. Wie sind diese anzuwenden? Das Steuerungssystem
liegt vor Ihnen. Ihre eigenen Gedanken sind bei Ihnen! Jetzt aber spreche ich
zu Ihnen über ein System des Gedankenraumes und darüber, wie sich dieses
System mit der Realität überschneidet und wo es für die Steuerung zu nutzen
ist. Wo unterscheidet sich die Vorstellung von der Steuerung? Das kann man
verstehen.

5. Struktur zur Steuerung der Ereignisse

Die Methodologie der Erkenntnis *im konkreten Fall* – Krebs plus Lebensunzufriedenheit.

Arbeitsprozess.

Diese Information, formuliert als ein gewisses Problem, existiert auf der Ebene der Stirn. In der Mitte, zwischen den Augenbrauen, gibt es einen Punkt. Wenn man sich vorstellt, dass von diesem Punkt ein Strahl ausgeht – rechtwinklig zur Stirnfläche - so gibt es auf ihm eine Sphäre mit dem Radius von 2 cm. In dieser Sphäre befindet sich die Informationsquelle des Problems. Wenn die Probleme formuliert werden, befinden sie sich auf der geometrischen Ebene dort - ein bisschen entfernt von der Haut der Stirnfläche. *Zur Realisierung dieser Probleme existiert über dem Menschen ein oberes Informationszentrum.* Dieses Zentrum *befindet sich auch 2 cm über dem Niveau der Kopffläche* längs der Vertikale. Dort befindet sich der untere Punkt *der Sphäre mit dem Radius von 5 cm. Diese Sphäre besteht aus Segmenten. Das erste Segment ist auf die Nase gerichtet. Wenn man die Information, die dem Problem entspricht, mit der Information dieses Segmentes verbindet, beginnt die Lösung des Problems.* Ich gebe die Technik für die Steuerung der Ereignisse und zur Erkenntnis der äußeren Realität vor. Diese Struktur ermöglicht es, die Situation ziemlich schnell zu steuern, wenn man dazu noch die Konzentrations-Technologie versteht. Die Technologie der Konzentration besteht darin, dass der Mensch die genannten geometrischen Verbindungen nicht weiter betrachtet, und das Problem über die Konzentration löst, z. B. auf den kleinen Finger der rechten Hand von 22:00 bis 22:03 Uhr. Wie wird das gemacht? Man legt gedanklich für die Nacht die Information so ein, angenommen für drei Tage, dass Sie sich weiterhin konzentrieren und gleichzeitig Ihr Problem lösen. Dabei muss man sich aber nicht speziell konzentrieren und nicht auf den Finger schauen. Es ist aber die Entscheidung zu treffen, dass Ihre Aufmerksamkeit

© Г. П. Грабовой, 1996

im Laufe von drei Tagen gerade auf diesen Finger vom 22:00 bis 22:03 Uhr konzentriert wird.

Dieses Steuerungssystem nenne ich <u>Koordinatensystem der Zeit</u>. Alle Begriffe, denen ich spezielle Bestimmungen gebe, ermöglichen Ihnen, bereits anhand der Wahrnehmung dieser Begriffe auf der assoziativen und logischen Ebene zu steuern. Wenn Sie beginnen, das durchzuführen, so entsteht in manchen Fällen <u>ein Empfinden</u> in diesen Zeitabständen. Das heißt, jede beliebige Krankheit hat ihre Zeitstruktur. Um den Organismus wieder herzustellen, d.h. von der Krankheit zu befreien, muss man lernen, mit dem Zeitaspekt dieses Prozesses umzugehen. *Eines der Elemente zur Befreiung von der Krankheit oder einer Lebensunzufriedenheit besteht in der Entfernung der Information der entsprechenden Zeit aus der Gesamtform der Ereignisse.* Jedes Ereignis hat seine Form. Das kann man logisch verstehen, hellseherisch betrachten, oder auch bei digitaler Informationsbearbeitung sehen. Damit das zukünftige Ereignis eine kanonische Form annimmt, die der Gesundheit und einer positiven Sachlage entspricht, kann man das Element der Herausnahme der Zeit anwenden, die das negative Element des Ereignisses in der gegenwärtigen Zeit bestimmt hat. Das Schema ist, logisch gesehen, ziemlich einfach. Wenn eine Krankheit existiert, so wurde diese in irgendeiner Zeitperiode gebildet. Wenn eine Lebensunzufriedenheit existiert, so hat sich diese etappenweise gebildet. Einst haben Sie einen Beschluss gefasst und etwas hat nicht geklappt. Es gibt eine Zeit, in der das gebildet wurde, und es gibt eine Zeit, die konkret dazu geführt hat. Auf diese Weise wird die Zeit in eine Reihe von parallelen Prozessen eingeteilt. Die eine Zeit formt die eine Situation, ein anderes Element der Zeit – eine andere Situation usw. Wenn in jedem Zeitmoment in der Welt irgendetwas geformt wird, so gibt es in jedem Prozessabschnitt seine eigene Zeit.

Mein Vorschlag ist, auf dieses Denkmodell im konkreten Fall – Adenokarzinom - überzugehen. *Es ist notwendig zu verstehen, die Zeitkonfiguration her-*

auszulassen, die den Prozess geformt hat. Diese Zeitkonfiguration ist aus den zukünftigen Ereignissen zu entfernen. Der Prozess der Entfernung dieser Konfigurationen vollzieht sich über die Umgestaltung. Das bedeutet nicht, dass es von irgendwo hergenommen und irgendwohin verschoben wird, *es wird einfach in eine positive Zeitstruktur umgeformt. Der Prozess basiert auf der Konzentration der Aufmerksamkeit auf den kleinen Finger der rechten Hand. Man kann sich auf das Farbgamma ab 22 Uhr konzentrieren, ein oder zweimal innerhalb einer Stunde.* Versuchen Sie, sich alle Farben besonders sichtbar vorzustellen. *Das ist das Prinzip der Harmonisierung und Kanonisierung der Informationsstruktur.* Die logische Verbindung ist hinreichend verständlich. Ich gebe ein System für die Steuerung der Ereignisse. Ein Ereignis, die Gesundheit – das sind notwendige End-Elemente. Für die Steuerung der Ereignisse muss man die Besonderheiten der Wechselwirkung der eigenen Information mit derjenigen kennen, die Sie steuern.

Wenn ich mein Wissen über Audiokassetten* darstelle, so muss man sich diesen zum Verständnis auch anhören. Die Realisierung der gestellten Aufgabe kann auch durch Konzentration auf das Ergebnis erreicht werden, während man die Kassette hört. Beim Hören gibt die Kassette ein positives Ergebnis und baut es ebenfalls im Radius von 27 Metern wieder auf, wenn sie sich bei Ihnen zu Hause oder bei Ihnen selbst befindet. Viele legen die Kassette an die kranken Stellen und die Schmerzen vergehen. Man soll sie bei sich tragen. Bei der Vervielfältigung verändert sich die eingegebene Informationsform nicht. Auf den Restteil der Kassette kann man jede beliebige andere Information aufzeichnen, z.B. Musik, die Ihnen gefällt, und sich diese Kassette dann anhören. All das Gesagte trifft auch auf Videokassetten mit meinen Methoden und Ergebnissen zu.

---

*(Anm. d. Red.: 1996 hat Grigori Grabovoi seine Vorlesungen auch auf Audio- und Videokassetten veröffentlicht)

© Г. П. Грабовой, 1996

6. Kanonisierung der Ereignisse einer beliebigen Ebene

Sie müssen den Mechnismus der Erkenntnis Ihrer eigenen Wahrnehmung herausfinden. Sie beschäftigen sich mit dem Erkenntnissystem zwischen der Realität und der Steuerung. Die Lösung Ihres Problems, z. B. die Ausheilung, ist ein Erkenntnissystem: Man muss das Ereignis so gestalten, dass es im Weiteren bei beliebigen Untersuchungen eine Verbesserung und Normalisierung zeigt und unter keinen Umständen eine Verschlechterung. *Sie müssen verstehen, von wo man die Information hernimmt und wie sie zu steuern ist.* Das ist eine Technik der Steuerung auf der Ebene des Verständnisses zweier Strukturen. Das innere Sehen ist ein System der verborgenen Prozesse. Sie beschäftigen sich mit Theorie und Praxis der Erkenntnis zur Steuerung der Situation. Das Problem, wie Sie es damals, nach dem einmaligen Hören meiner Aufnahme kannten, verändert sich, das Informationsniveau verschiebt sich. *Mit Erhalten von neuem Wissen erscheint bei Ihnen eine neue Informationsform. Es gibt einen gewissen Umfang der gesamten Information mit dem Radius von 2 Metern (zu dem Moment, als Sie dort angekommen sind).* Sie haben eine neue Information erhalten und der Radius vergrößert sich um 1 mm. Demzufolge denken Sie schon in vieler Hinsicht in anderen Konstruktionen. Das ist die Praxis, und Sie müssen diese konkrete Praxis verstehen. Die Informationsform verschiebt sich. Jetzt ist der aktive Informationspunkt bei Ihnen das geometrische Gebiet – die Verlängerung des Zeigefingers der linken Hand. Wenn man eine Gerade längs des Fingernagels dieses Fingers zieht, so befindet sich auf dieser Linie, 2 mm weiter entfernt, eine Sphäre mit dem Durchmesser von 2 mm. Jetzt ist dieser Punkt am aktivsten. Er muss für heute kanonisiert werden. Ich gebe Ihnen jedes Mal eine Methode zur Erkenntnis. Die Erkenntnismethode ist jedoch keine statische Struktur. Auf jeder nachfolgenden Etappe müssen Sie etwas Neues erkennen, damit die Geschwindigkeit der Erkenntnis höher ist als die des Krankheitsprozesses oder der Geschwindigkeit des Entwicklungsprozesses irgendeiner negativen Information. Die Information ist direkt zu benutzen. Bei Ihnen gibt es einen Prozess und, um ein gesundes Gewebe zu erhalten, muss man sich der Information über zwei Wege bedienen:

1. Der Weg der Erkenntnis regeneriert schon selbst.
2. Wenn Sie beginnen das Wissen zu konkretisieren – dann beginnen Sie es anzuwenden.

Zum Beispiel, Sie beginnen, diese Information über die Verlängerung des Zeigefinders der linken Hand zu steuern. Sie fühlen, dass sich die dortige Sphäre normalisiert hat, das Empfinden aber kommt später. Das ist ein sehr langanhaltendes Gefühl. Wenn man empfindet, so ist das für lange. Sie müssen das auf der Ebene der Logik sehen und verstehen. Ich gebe ein Bild zum Verständnis. *Der Sinn besteht darin, dass die Denkgeschwindigleit höher ist als die Geschwindigkeit der Reaktion der Krankheit. Bei dem Menschen entsteht ein Schutzschild, durch das die Krankheitsinformation schon nicht mehr durchdringt.* Sobald diese aufgehört hat durchzudringen, ist es geschafft, es gibt keine Krankheit mehr. Der Mensch liefert jetzt Analysen, die in der Norm liegen.

Wie kann man erreichen, dass die Geschwindigkeit des Denkens höher ist als die des Informationsaustausches des anderen Milieus? Theoretisch sind für alle Informationsobjekte die Bedingungen gleich. *Die Krankheit ist auch ein Informationsobjekt. Irgendwelche Angelegenheiten sind auch ein Informationsobjekt.* Im zukünftigen Lebensbild hat im Verlauf der Ereignisse irgendein Objekt die Priorität, und zwar dasjenige, welches diesen Punkt schneller besetzt. Sie müssen in diesem System der Steuerung der Ereignisse den Informationsaustausch mit der äußeren Umwelt soweit entwickeln, damit Sie verstehen, wie man am schnellsten diesen Punkt erreicht, wo es keine Krankheiten oder Probleme gibt, weder Ihre noch die von Anderen. Das ist die Theorie und die Praxis. Ich habe mir angeschaut, wie die Dynamik verläuft. Viele Zellen sind bei Ihnen bereits umgestaltet. Sie müssen diesen Prozess steigern. Je schneller Sie die Geschwindigkeit erhöhen, desto besser ist es für Sie.

Frage: "Die Konzentration auf den kleinen Finger betrifft nur das Adenokarzinom?"

Antwort: "Nein, das ist ein System für die Steuerung der Ereignisse. Das Adenokarzinom verändert die Form der Ereignisse im Voraus. Es hat seine kanonische Form, sagen wir eine ellipsoide, wenn es sich um eine 20-Jahre lange Periode handelt. Die Ereignisse, die diesem Finger entsprechen, als Sie 20 Jahre alt waren, hatten eine ellipsoide Form. Das ist konkret, hier schlage ich nichts vor. Diese Form hat bereits begonnen, sich zu ändern. Sie müssen sich aber nicht nur mit dem zukünftigen Aspekt beschäftigen, sondern auch die Ursache verstehen, warum das bei Ihnen geschehen ist, wenigstens auf der Informationsebene. Man muss das Prinzip des Einscannens anwenden.

Sie setzen sich bequem hin und stellen sich alle Ereignisse Ihres Lebens in irgendeiner Form neben sich vor. Diese können unterschiedlich und mannigfaltig sein. Beginnen Sie, diese Form mit dem Gehirn einzuscannen. Die Information kann im Computer als Datei, auf einem Blatt Papier oder in einer Form enthalten sein. Sie müssen dieses (Informations-) Massiv einscannen und herausfinden, wo es abgeändert wurde. Wenn es jedoch für Sie leichter ist, im Allgemeinen zu arbeiten, so beginnen Sie mit der Makrostruktur. Sie haben das Massiv eingescannt, eine Änderung in irgendeinem Gebiet gefunden und verstanden, warum das so ist. Falls Sie einen "dunklen" Inhalt gefunden haben, entfernen Sie diesen und fügen stattdessen einen "hellen" ein".

Frage: "Wie kann ich verstehen, warum das passiert ist?"

Antwort: "Sie brauchen das nicht zu verstehen. Sie können das zunächst Ihren Empfindungen überlassen. Wenn Sie fühlen, dass sich ein Massiv verändert hat, so ist dort irgendetwas nicht in Ordnung".

Jeder Mensch hat ein System der Kanonisierung seines Lebens, ein System der inneren Diagnostik, d. h. eine Norm des sozialen Lebens, der Gesundheit und für alles andere. Sie streben danach, Ihren Doppelgänger zu finden, wo alles normal ist. Mit dessen Hilfe scannen Sie ein. Der Doppelgänger – das sind Ihre Ereignisse, die Sie selbst aufbauen. Ich beschäftige mich mit der Objektivierung dieser Fragen. Deshalb gebe ich Ihnen auch noch das, wie man mit der Form mit Hilfe der Empfindungen arbeitet. Die Empfindungen können unterschiedlich sein, aber als zusätzliches Mittel zur Kontrolle über dem Zustand sind sie vereinheitlicht.

Der Organismus ist ein hermetisches Milieu. Man muss den Eingangspunkt suchen. An der Niere kann es kein Karzinom geben, aber die Niere kann als Leiter auf der Informationsebene fungieren. Alle Organe, alle Zellen des Menschen sind im Informationsbereich vertreten. Dementsprechend soll er letztendlich gesund werden. Viele Menschen können nicht krank werden.

Die Information der Krankheit - das Informationsmassiv - wird in die Sphäre durch den Kontaktpunkt auf der äußeren Fläche eingebracht. Bei Ihnen wurde die rechte Niere zum Kontaktpunkt, als Sie 20 Jahre alt waren. Die Information begann dorthin zu fließen und allmählich kam es dazu, dass sich vor 10 Jahren eine primäre Zelle bildete. Danach begann diese Zelle, die Impulse in der rechten Gehirnhalbkugel zu löschen. Und danach verliert das Gehirn die Kontrolle über das Gebiet der Entstehung von Adenokarzinom – einem total fremden Gewebe. Ich meine hier Ihr Modell des Informationsaustausches. In kanonischer Form hat der Mensch keine Krankheit. Die Krankheit ist eine äußere Information. Irgendwo haben Sie diese in das Objekt der Information hineingelassen, das Ihnen im gesunden Zustand entspricht. Ich spreche nur über die Informationsform und nicht darüber, womit das zusammenhängt: das ist nicht so wichtig. Die Haupsache für Sie ist, sich von der Krankheit zu befreien. Natürlich, *wenn diese Befreiung Wissen erfordert - z. B. eine starke Lehre - dann muss das berücksichtigt werden.* In diesem Fall aber rede ich

© Г. П. Грабовой, 1996

ausschließlich über die Form.

Frage: "Wie soll ich mir den kleinen Finger vorstellen: in natürlicher Form oder als eine Röntgenaufnahme?"

Antwort: "Man muss sich ihn gedanklich vorstellen oder einfach auf den kleinen Finger schauen".

Die Zeit, die ich gebe, zeichnet sich durch die höchste Aktivität der Informationsquellen aus, die dem Menschen bei den Wechselprozessen mit dem äußeren Millieu entsprechen. Das ist die optimale Zeit für die steuernden Strukturen.

Um das notwendige Resultat bei einer Konzentration zu erreichen, die zu einer beliebigen Zeit durchgeführt wird, muss man für diese Zeit der willkürlichen Konzentration Übertragungsgrößen anwenden. Diese Übertragungsgrößen werden anhand der Gesetzmäßigkeiten der Entwicklung Ihres Verständnisses bestimmt.

Das nächste Steuerungselement: Sie schauen mit Ihrem inneren Blick nach vorn und sehen ein Informationsobjekt, das einem Regenbogen entspricht. Sie müssen sich auf das ganze Farbspektrum einstellen. Und weiter gehen Sie ohne Anstrengungen. Jetzt reicht es aus, wenn Sie sich die Farbe auch nur augenblicklich vorstellen. Das ist ein System zur Steuerung der Ereignisse auf einer beliebigen Ebene, die Kanonisierung der Ereignisse auf einer beliebigen Ebene. Dieses gebe ich in Bezug auf Ihr Problem und vom Standpunkt Ihrer Erkenntnisse. Die Krankheit ist eines Ihrer Probleme. Wenn Sie ein beliebiges Problem formulieren und handeln, so heißt das, dass Sie steuern. Ein zusätzliches Rezept (System der geringen Konzentrationen):

- 1 Esslöffel Johanniskraut
- 1/3 Teelöffel Soda
- 200 g gekochtes Wasser

Einrühren, drei Tage abstehen lassen. Filtern, drei Tage abstehen lassen. Binde (Lappen) anfeuchten und eine Kompresse auf die Mitte des Fußes für die Nacht auflegen, 10 Tage hintereinander. Die Zusammensetzung wird im Kühlschkrank 7 Tage aufbewahrt.

Dieses Mittel wird für die Ionisierung des Gewebes genutzt.

7. Methode zur Steuerung der Situation in einer bestimmten Zeit

Die Methode basiert darauf, dass man *für die Steuerung der Situation die Information über die Zukunft kennen muss und auch davon, was in den vorangegangenen Etappen passiert ist*, d. h. wie haben die Elemente der Steuerung der vorigen Etappe die Situation beeinflusst? Die Objektivierung der Situation kann man über Kontrollgeräte vornehmen, wenn es z. B. eine Krankheit betrifft, oder über die Norm einer Situation, wenn diese Situation ein Ereignis darstellt. Die Möglichkeiten der Medizin bieten eine Information über den Zustand des Menschen. Viele Krankheiten entwickeln sich hinreichend dynamisch. Deshalb muss man wissen, wie sich die Steuerung der Situation vollzieht und darüber hinaus muss man auch das eigene Ergebnis der Steuerung diagnostizieren können. In dieser Etappe schlage ich ein System der Steuerung mittels Diagnostik der eigenen Ergebnisse vor.

Erstes Element.

Die Konzentration der Aufmerksamkeit auf die Hände und Füße von 22:00 Uhr bis 22:05 Uhr. Diese Konzentration des geschlossenen Zykluses, d. h. die diagnostische Konzentration, wird nach Bedarf durchgeführt. Man muss auf die Nägel der Daumen schauen. *Indem Sie Ihre Aufmerksamkeit auf die Hände und Füße konzentrieren, schauen Sie auf die Nägel der Daumen* und sehen wie mit einem inneren Blick, dass es bestimmte überschneiden-

© Г. П. Грабовой, 1996

de Abschnitte gibt, die von diesen Fingern aus nach oben gehen. Die Hände können Sie sich dabei willkürlich vorstellen – es wirkt die Vorstellung. *Die Vorstellung ist das steuernde System der Struktur.* Sie fühlen in Gedanken, wie sich diese Abschnitte bewegen und überschneiden. Diese können sich sehr dynamisch in verschiedene Richtungen bewegen. Dort, wo sie sich überschnitten haben, merken Sie sich diesen Punkt (Abschnitt, der vom rechten Finger ausgeht, überschneidet sich mit dem Abschnitt vom linken Finger). Sie überschneiden sich unbedingt irgendwo innerhalb einer Sekunde. Das bedeutet, wenn Sie sich 4 Sekunden lang konzentrieren, können Sie bereits vier Organe kontrollieren. Dafür braucht man aber Praxis. Das ist ein objektiver Prozess, den man verstehen muss. "Verstehen" – d. h. es ist das zu fixieren, was einem als erster Gedanke kommt. Dort, wo sich die Abschnitte überschneiden, entsteht ein gewisses Leuchten. Das ist das Zentrum des Organes, in welchem es Veränderungen gibt. Videoapparatur fixiert diesen Effekt.

<u>Die Frage ist:</u> "Wie kann ich feststellen, was das für ein Organ ist?"

<u>Antwort:</u> "Sie sehen zuerst das Zentrum des Organes, da es leuchtet. Versuchen Sie dann, durch die rechte und linke Gehirnhalbkugel gewisse weiche Wellen hineinzugeben und abzutasten, um zu verstehen, um welches Organ, anatomisch gesehen, es sich handelt".

Wenn Sie nichts von Anatomie verstehen, so erkläre ich Ihnen die folgende Betrachtungsweise über den Organismus. *Der Körper ist nach Abschnitten in 10 Bereiche eingeteilt.* Es gibt ein System zum Scannen des Organismus über visuelle Beobachtungen. Beginnend mit dem kleinen Finger der linken Hand (von links nach rechts), und von den Füßen bis zum Kopf (von unten nach oben) wird der Körper in Segmente eingeteilt. Sie können sich wiederum auf diese Fingernägel konzentrieren, d.h. keine Strahlen (Abschnitte) suchen (das zweite Element), sondern sich einfach nur auf die Daumen und danach auf die großen Zehen konzentrieren. In dem Finger, in welchem eine Empfindung entsteht, in dessen Segment des Körpers gibt es eine Veränderung. Die Segmente sind folgende: der kleine Finger der linken Hand entspricht dem untersten Segment (0,1 bezogen auf 1 der geometrischen Länge des Körpers), der kleine Finger der rechten Hand entspricht dem obersten Segment usw. Man nimmt die Gesamtlänge des Körpers: unten ist der kleine Finger der linken Hand, höher – der nächste Finger usw., in 10 Teilen. Sobald Sie in irgendeinem Finger ein Kribbeln empfinden, d.h. eine Aktivierung der Hautreaktionen bei der Konzentration, so lenken Sie Ihre Aufmerksamkeit auf das entsprechende Segment des Körpers. Bei weiterer Detaillierung kann man eine Zelle, ein Mikroelement usw. bestimmen. Die Elemente der Detaillierung werden ähnlich wie die Elemente des gesamten Körpers bestimmt. Wenn Sie den Finger anders wahrnehmen, z.B. so wie auf der Röntgenaufnahme, oder noch anders (im Rahmen der allgemein veränderten Wahrnehmung), dann ist das vergleichbar mit den Empfindungen auf der Haut des Fingers. Derjenige Finger, der sich "meldet", widerspiegelt Veränderungen im entsprechenden Körperteil.

Zweites Element.

Ein System der dynamischen Zellen.

Um eine Zelle über die Konzentration auf den Finger herauszunehmen, oder ein Ereignis umzubestimmen, muss man zuerst herausfinden, in welcher Zelle sich der Indikator der Zelle oder des Ereignisses befindet. Und danach muss man sich bemühen, die Zelle über das System des Harnabflusses herauszuführen und das Ereignis über eine beliebige äußere Information in Bezug auf das Ereignis umzugestalten. *Die Konzentration muss man auf die Daumen fortsetzen, und nicht dort, wo die negative Information entdeckt wurde.* Alle anderen Prozesse gehen unwillkürlich. Wenn der kleine Finger in der Zeit von 22:00 Uhr bis 22:17 Uhr Ihnen eine Indikation gibt (sich aufwärmt oder andere Empfindungen aufweist), so stellt das eine diagnostische Prozedur dar. Gleichzeitig ist das auch eine Prozedur der Korrelation, die Sie wieder aufbaut.

© Г. П. Грабовой, 1996

Durch diese Konzentration können Sie die Zelle und alles, was sich in Ihnen nicht entsprechend geändert hat, auf die Informationsebene herausführen. Ich sehe, wie sich diese Herausführung vollzieht - über welche Zellen und Verfahren. Wenn das intereressant ist, können Sie sich selbst anhand des Systems der Diagnostik beobachten. Nachdem Sie sich das angeschaut haben,gehen Sie wieder auf das System der Konzentration über, das vorher schon erläutert wurde. Das ist eine Methode zur Objektivierung der Zellenstrukturen. Nach einer Woche kontrollieren Sie sich erneut und stellen fest, was sich geändert hat. Führen Sie wenigstens einmal pro Woche die Diagnostik durch. Man kann sie aber auch täglich oder noch öfters durchführen: je mehr – desto besser.

Die Diagnostik und die Steuerung beginnen im Moment der Konzentration und werden sofort und auch im Laufe der nachfolgenden Zeit realisiert. In 10 Tagen werden Sie die erste Struktur für die Diagnostik und Steuerung des Organismus und der Ereignisse zur Verfügung haben.

8. Grundlagen der Erkenntnis auf der Informationsebene bei der Einteilung des Organismus in Phasen

Als Problem wird die Drogensucht betrachtet. Wie auch in allen anderen Fällen, können die Methoden, die für die Lösung eines Problems erhalten wurden, auch für alle anderen Probleme angewendet werden. Deshalb soll die spezielle Aufmerksamkeit auf die Entwicklung der Geistesimpulse der Informationssteuerung anhand der logischen und assoziativen Wahrnehmung meiner Texte gerichtet werden. In Bezug auf die geistige Steuerung sind alle Probleme informationell gleichwertig.

Bestimmung der Information

Beliebige Objekte der Realität sind Informationen. Die Information wird als eine abstrakte oder konkrete Größe wahrgenommen. Man kann sie empfinden, und die Empfindungen in zukünftige Ereignisse umgestalten. *Wenn es irgenwelches Wissen gibt, so kann dieses die Realität im Voraus verändern.* Zum Beispiel, wenn es Kenntnisse über die Festigkeitslehre gibt, so kann man die Festigkeit einer Konstruktion berechnen. Ein Musiker kann nach Noten spielen usw. Dieses Wissen gilt für die Steuerung der Informationsstruktur. Auf der Logikebene reicht es aus zu verstehen, dass eine beliebige Information in der Form enthalten ist. Das Buch hat die Form, der Tisch eine andere, usw. Der Umfang einer Videoaufnahme ergibt bei der Computerbearbeitung auch wieder eine Informationsform.

Anhand der Logik des Vergleiches der Informationsstrukturen gebe ich ein System zum Verständnis der steuernden Struktur vor. Was ist eine Steuerungsstruktur? In diesem Kontext ist die steuernde Struktur vorrangig Ihre Wahrnehmung. Ein Buch z. B. kann ganz einfach wahrgenommen werden: visuell (wenn Sehvermögen vorhanden ist), oder mit der Hand, mit Sinnesorganen (Kälte, Wasser, Flüssigkeit). *Im betrachteten System muss man die Struktur der Steuerung nur auf der Ebene der primären Erkenntnis wahrnehmen.* Diese Erkenntnisebene geht parallel damit, dass ich auch auf der verborgenen Ebene arbeite. Einige bezeichnen sie als eine feinstoffliche Welt. Ich bezeichne das als eine verborgene, nicht offen sichtbare Ebene der Arbeit, die durch einen statischen Begriff nicht bestimmt ist. Ich gebe diese Methodik dafür, damit bei der Wiederherstellung der Situation und der Steuerung dieser Situation das Ereignis bis zu einer solchen Ebene wiederhergestellt wird, dass es in der Zukunft steuerbar ist. Dabei kann die Situation durch Sie sowie auch durch diejenigen, die zuhören, lesen und anfangen zu helfen gesteuert werden. Dann entsteht eine ständige (von beliebigen Prozessen unabhängige) Beständigkeit des erzielten Ergebnisses.

© Г. П. Грабовой, 1996

In diesem Ereignis gibt es eine nicht normierte Struktur – die Einnahme von Drogen. Der Mensch selbst muss auch verstehen, dass das keine Norm ist. Die Ereignisse sind auf die ideale Wiederherstellung zu lenken, wenn es keinen Grund gibt. Ich spreche über die Ebene der Steuerung in der konkreten Situation. Es gibt aber auch eine allgemeine Methodik der Steuerung.

Betrachten wir den Organismus aus der Sicht verschiedener Positionen: die Empfindungen des Organismus und die Steuerung. *Erstens, betrachten wir eine grobkörnige Position der Wahrnehmung.* Wenn Sie auf einen Menschen schauen, so kann man ihn als ein grobkörniges System differenzieren. Wenn Sie auf der Ebene der Empfindungen gedanklich mit der Hand die Information des Menschen streifen, so kann man diese Körnigkeit spüren. Sie spüren das nach dem Schema der Umgestaltung der Kristalle. Die informativen Umgestaltungen verfügen über die Eigenschaft der Beweglichkeit. Sowohl in Gedanken als auf der Steuerungsebene kann man diese Körner bewegen, so ähnlich, wie ein Klavierspieler spielt und dabei die Tasten spürt. Sie können weich sein, aber nicht amorph. Sie biegen sich durch, als ob sie sich auf einem grünfarbigen und weichen Kissen befinden. *Das ist ein Training der Empfindungen – der Zugang zu der steuernden Struktur des Menschen. Zweitens, ein System der schematischen Linien, wenn der Mensch als ein Hohlraumsystem betrachtet wird,* das seine Informations-Quellen bis zu gewissen Flächen hat, die ihn vertikal einteilen. Sie müssen verstehen, dass ich das Material in Verbindung mit Ihrer Wahrnehmung gebe. Das ist aber ein allgemeines Steuerungssystem, das auf jeden Fall funktioniert. Jeder Mensch kann das benutzen. In jedem Hohlraum befindet sich ein gewisses Steuerungssystem, das allen äußeren und inneren Prozessen entspricht. *Zusätzlich existiert eine Matrixform* für eine horizontale Einteilung, d.h. rechtwinklig zu der vertikalen Achse des Menschen. Es entstehen spezielle Zellenformen. Diese sind von zwei Seiten offen. *Das Prinzip der Erkenntnis des*

Menschen von dieser Position aus besteht darin, dass man mit dem Bewusstsein von der Gesichtsseite aus in die Zellenformen eindringt und an der anderen Seite herausgeht. Wenn Sie durch jede dieser Zellenformen gehen (diese kann man bis zu einer Million mal teilen), so kann man die Verbindungen zwischen verschiedenen Strukturen finden. Zum Beispiel, wie ist das Herz auf der Ebene der Informationsgebiete mit der Leber verbunden. *Sie können sich mit diesen Untersuchungen von 22:00 Uhr bis 22:07 Uhr beschäftigen.* Sie begeben sich in den Ruhezustand und beschäftigen sich mit der Untersuchung des Menschen. Sobald Sie eine Verbindung gefunden haben, so vollzieht sich unmittelbar eine Steuerung zur Kanonisierung. *Diese Methode der Steuerung besagt, dass das Auffinden von ausgerichteten Verbindungen bereits die Kanonisierung darstellt sowie die optimierende Verbesserung der Information des Problems.*

Der Weg – das ist der Weg der Wahrheit. Deswegen, wenn Sie etwas finden – beginnen Sie zu steuern. Bei der Computerbearbeitung ist das ein so genanntes System der dynamischen Lichtblitze, d.h. wenn Ihr Bewusstsein flexibel ist. Zum Beispiel, wenn der Mensch nicht auf Drogen verzichten will, so müssen Sie in Ihrem Denkprozess schneller sein, damit die Steuerung effektiv wird. *In diesem Fall ist die Steuerung die Geschwindigkeit des Denkens.*

Bei der Betrachtung dieser Struktur des Menschen muss man verstehen, dass das nur eines der Modelle der Steuerung ist. *Es existieren auch andere Modelle des Zuganges zu der steuernden Struktur.*

Betrachten wir nunmehr, wie eine Situation umzugestalten ist, damit sie normiert wird. *Die Norm der Situation gilt nicht nur für die Sicherheit in Bezug auf die Gesundheit, sondern auch für alle äußeren Strukturen.* Zu allen äußeren Informationen gehört auch die Gefahrlosigkeit vom Makrokosmos und von Makroobjekten (damit kein Meteorit auf die Erde herunterfällt usw). Deshalb muss man bei der Arbeit mit der Strukturform der Information des Eiweiß-Milieus, das sich auf den Menschen bezieht, verstehen, dass die Makrostrukturen unbedingt einbezogen werden. Dabei stellt der Mensch ein Zentrum dar, bei dem sich bestimmte Prozesse vollziehen, einschließlich derer der eigenen Wahrnehmung, des äußeren Universums, der Krankheit, des sozialen Lebens usw. In dieser Hinsicht gibt es die Idee der Unsterblichkeit der Eiweißform. *Der Prognose zufolge geht der Eiweißstoff nicht kaputt und zerstört sich nicht. Das ist durch physiologische Versuche bewiesen. Aber, wenn eine Drogenwirkung vorhanden ist, so entsteht ein Element der Schrumpfung des weiteren Weges.*

Die DNS-Struktur, oder eine schichtartige Struktur des Eiweißes unterscheidet sich von der sichtbaren Struktur. *Zu sehen sind ununterbrochene Schichten.* Vom Standpunkt des Denkens als Ausgangspunkt, gehen sie in die Unendlichkeit - falls man als Denken die Information des Menschen annimmt. Auf diese Weise, *im Falle der Drogen-Wirkung, beginnen sie sich wie ein Teppich einzurollen, und gelangen zu einem Punkt.* Es entsteht die Erscheinung einer Parallaxe der Gewebe-Struktur. Die Zelle beginnt sich auszudehnen, z. B. im Gehirn. Sie vergrößert sich in ihren Abmessungen und fordert nach der nächsten Dose. D. h. die Verdichtung der Information vollzieht sich auf der Ebene der Verdichtung in Abhängigkeit von den Drogen. *Für Sie ist es wichtig, die Verdichtungsstruktur auf die Ebene der schöpferischen Verdichtung zu überführen,* falls die Verdichtung *positive Entscheidungen im Leben* sind, um die zukünftigen Ereignisse zu kanonisieren: möge er arbeiten, Geld verdienen, und dabei unabhängig von Drogen sein. Sie müssen die Eingangs-Quelle austauschen. *Von der Seite der Unendlichkeit aus muss man eine Quelle des Standardlebens einfügen.*

Auf der Ebene der vereinfachten Modellierung ist das die Konzentration der Aufmerksamkeit auf die Zeigefinger der Hände von 22:03 Uhr bis 22:04 Uhr (1 Minute).

Training: Konzentration – 5 Tage, Pause – 1 Tag, weitere Konzentration – 5 Tage. Diese Konzentration führt dazu, was ich gesagt habe. Aber auch das einfache Durchlesen des Gesagten optimiert die Ereignisse.

Eine Modellierung der Situation im Voraus besteht darin, dass bei dem Menschen die zukünftigen positiven Ereignisse zur Informationsquelle werden, die mit dem Drogen-Milieu nichts zu tun haben. Es geht hier um ein Drogen-Milieu als eine bedingte Struktur. In manchen Fällen ist das eine Krankheit, in den anderen noch etwas anderes. *All das bezeichne ich als bedingte Informationsstrukturen (Drogen, Krankheit, Probleme usw.) Sie alle sind neutral.* Ich führe den Begriff der neutralen Prozesse ein, wo jeder Gesichtspunkt, jede Struktur neutral ist. Indem Sie das wissen, müssen Sie jeden Standpunkt als eines der Informationssegmente benutzen. Denn, wenn das ein konservatives System ist, so können Sie bei der Beschlussfassung im Voraus bei diesem System verweilen, es kann sich aber in diesem Moment schon weiter entwickelt haben. Das ist das Gesetz über die Entwicklung der Informationsform. Da sich auf der Welt alles verändert, wird auch das, was ich gesagt habe, in einer Sekunde verallgemeinert, und zwar durch die in dieser Sekunde geschehenen Ereignisse. *Dementsprechend entwickelt sich jede Information weiter, einschließlich derer, die ich Ihnen jetzt gebe.* Zu dieser Information, wie auch zu jeder beliebigen Quelle, gibt es einen direkten Zugang, *die ich Ihnen auf der Erkenntnisebene nur teilweise gegeben habe und teilweise in einer wortlosen Variante.* Es entsteht hierbei die Notwendigkeit der Zusammenführung, falls Sie das Wissen umgehend benötigen. Das System eines schnellen Wissens besteht dann, wenn etwas im Voraus gemacht wird, ohne Betonung auf irgendwelche Argumente des Menschen und seine Modelle, für die Rettung des Menschen. Dann wird das, was Sie sich anhören, Ihnen garantieren, *dass Sie das Wissen bereits auf der Ebene der sekundären Nervenstrukturen benutzen,* d. h. man kann bereits alles ändern, ohne sich daran zu erinnern. *Das ist ein Weg*

© Г. П. Грабовой, 1996

der Anhäufung der Information der Art, wenn das Unterbewusstsein aktiv ist. Ich gebrauche die Begriffe Bewusstsein und verborgene Information, die sich nicht auf das Wissen beziehen. Ich gebe einen Weg zur Anhäufung des Wissens über eine verborgene Struktur. Sie müssen verstehen dass alles, was von Ihnen aufgenommen wird, auch aus der Sicht des positiven Wissens (welches Ihnen hilft) aufgenommen werden kann.

Wissen – das bedeutet auch noch eine stufenartige Orientierung bei der Modellierung. *Zum Beispiel, es gibt eine grobkörnige Struktur der Modellierung, wo man sich vorstellt, dass oben ein Mensch steht, für den Sie bitten, und unten befindet sich der gleiche Mensch, nur kleiner im Ausmaß (unter dem Modell dieses Menschen verlaufen gewisse Strahlen).* Dort, wo aus Ihrer Sicht turbulente Wirbelströme entstehen (bei der Computerbearbeitung ist das eindeutig zu sehen) und wo sie beginnen, sich zusammenzuschließen, in dieser Zone zeichnet sich das Organ ab, das leidet. *Das ist ein diagnostisches System, es ist aber grobkörnig, d. h. der Kern des Wissens befindet sich außerhalb des Wissens.*

Das ist ein philosohpisches Herangehen – eine nicht segmentäre Struktur. *Deshalb gibt es noch eine schichtenartige Struktur. Zum Beispiel ist die Haut eine der Schichten des Menschen, und anhand der Haut sucht man alle Organe.* Nehmen Sie an, die Haut ist eine Fläche, und *Sie konzentrieren sich* auf den gesamten Informationsumfang, der *der Haut entspricht und das erste Wissen, das zu Ihnen kommt, das sind die Probleme.* Diese können nicht nur die Krankheit betreffen. Ein Mensch war unterwegs und verletzte sich die Hand – das kann auch bei dieser flächenhaften Modellierung ein Problem sein. Man kann die Strukturen vom Makrokosmos, die Wirkung der Radioaktivität, des Meteorites usw. sehen.

Hilfreich ist bei der Diagnostik der Technik der stützende Punkt. Dabei ist zu sehen, ob der Technik eine Panne droht usw. Es gibt ein so genanntes Erkenntnis-System – ein System der zweckbestimmten Anbindungen, d. h. wenn Sie entsprechend dem Ziel der Bewegung des Objektes die äußere Welt formen. Die Situation ist wie folgt: die Welt ist um Sie herum – und Sie formen diese. Wenn der Mensch sich in irgendeinem Transportmittel bewegt oder in einer technokratischen Gesellschaft lebt, so kann man daraus die Funktions-gesetze der Sicherheit verstehen: wie sollen die Technik und die chemischen Stoffe gefahrlos werden.

Folgendes Training – machen Sie sich darüber Gedanken. Mein System ist dieses: nach einer einmaligen Informations-Bearbeitung kann man ein Prognoseprotokoll erstellen (es wird die Funktion errechnet – welche Anzahl der Arbeiten durchgeführt werden muss, damit die Normalisierung der Ereignisse erreicht wird). In der Zukunft kann man die Bearbeitungs-Angaben herausfinden und schauen, was für die Vorbereitung eines Prognoseprotokolls erforderlich ist.

9. Optimierung der zukünftigen Ereignisse

Eigenschaften dieses vorliegenden Materials:

1.   *Der Radius der Handlung (Optimierung der Ereignisse) reicht bis 71m. Es genügt,* den Text dieses Materials in der genannten Reichweite zu haben.

2.   *Es enthält ein wiederherstellendes System des Wissens* der verborgenen Art hinsichtlich der Änderung der kanonischen Informationsgebiete. Das Wissen darüber, was auf der Informationsebene verändert wurde, führt zu einer bewussten Kompensation. Mit der Zeit vollzieht sich die Wiederherstellung.

3.   *Die Methode der Steuerung* der konkreten Information auf der Ebene konkreter Handlungen.

© Г. П. Грабовой, 1996

Der Diapason der Patientin

(Ausgangspunkt der Information, Auflistung der veränderten Strukturen):

1. Schilddrüsenadenom.

2. Zuckerkrankheit.

3. Hautjucken.

4. Herz-Gefäß-Pathologie.

5. Gebärmuttermyom.

6. Mastophatie.

7. Ich habe noch zusätzlich die Struktur des Lymphsystems eingeführt.

Diese Steuerungs-Struktur ist vereinheitlicht. Ich werde eine praktische Methode für die Steuerung geben. Die Theorie verfügt über eine Erkenntnispraxis. Diesen Apparat kann man nicht nur für das vorliegende Problem benutzen, sondern auch für jedes beliebig andere. *Auf der Ebene der Optimierung der zukünftigen Ereignisse muss man vom Standpunkt der Einrichtung der dem Menschen entsprechenden Information zwei Etappen betrachten.*

1. Die erste Etappe ist *die Information der zukünftigen Ereignisse,* wenn der Mensch als *ein System der horizontalen flachen Schichten* betrachtet wird. In der Tat, bei ausführlicherer Betrachtung z.B. eines Zeitraumes von 24 Stunden im Voraus oder noch mehr, *kann man sich den Menschen als eine Informationsform vorstellen, die das Format eines Menschen hat,* d.h. ein informationeller Doppelgänger als eine Schichtvariante auf der horizontalen Ebene. Ein System zur Verdichtung bei der Archivierung der Information.

2. Die zweite Etappe – die Betrachtung *der Information der Vergangenheit wird als ein System der vertikalen Schichten* angenommen.

3. Auf der Ebene *der gegenwärtigen Zeit* der realen Ereignisse, die das Bewusstsein wahrnimmt, wird die Information *als eine Überschneidung* (kreuzartige Strukturen in verschiedenen Bereichen oben, unten usw.) wahrgenommen.

Ein Ereignis wird auf der Informationsebene so geschaffen, dass die Überkreuzung dieser Strukturen - auf der Ebene der Wahrnehmung, der objektiven Messungen, sowie der Gerätemessungen – durch die Folgepositionen begleitet wird. *Wenn das Bewusstsein des Menschen funktioniert, d.h. die Wahrnehmung aktiv ist,* kann es sich in die Ereignisse der Vergangenheit, der Zukunft oder der Gegenwart vertiefen. Um real einschätzen zu können, dass es in diesem Moment gerade diese Zeit gibt und der Mensch sich gerade in dieser Zeit befindet, muss man die Aufmerksamkeit speziell aktivieren. *In beliebigen anderen Momenten (80% der Zeit) entstehen Strukturen des dynamischen Bewusstseins, wenn dieses zerstreut ist.* Es gibt keine Zeitkonzentration.

Das System der Konzentration, welches vorgegeben wird, basiert darauf, dass sich viele Prozesse überkreuzen, die sich auf den zukünftigen und vergangenen Zeitabschnitt beziehen. Bei der Zusammenführung dieser informationellen Doppelgänger entsteht eine Struktur zum Aufbau des Fundamentes der zukünftigen Ereignisse.

Bezüglich dieser Position muss man verstehen, dass *ein Zeitintervall das Intervall dieser Zeitzone darstellt.* Wenn der Mensch unterwegs ist, so wird die Zeitzone dieser Gegend zum Bindeglied. Deswegen wurde das Koordinatensystem *so ausgewählt, dass es an die Zeit der Örtlichkeit angebunden wurde, um es dann nach dieser Methode zu praktizieren, indem diejenige Gegend berücksicht wird, wo der Mensch sich befindet.* Die Zeitintervalle sind aus der Sicht der Wahrnehmung ziemlich konventionell. Bei überschnellen Prozessen, zum Beispiel, der Spin vom Elektron, funktionieren einige Positionen, die davon zeugen, dass die Zeitkoordinate abgeändert wurde. Deswegen muss man berücksichtigen - indem wir die Zeit begreifen – dass *wir sie nur als einen der Punkte der Bewusstseinsanbindung an gewisse soziale Faktoren für die äußere Welt betrachten.* Wenn wir über die Steuerung der Information

© Г. П. Грабовой, 1996

43

reden, geht es um die Steuerung einer beliebigen Informationsform, bei der der Begriff "der Zeit der Information" fehlt, darunter auch für einen Stein, einen harten Stoff und jedes beliebige Element. Deswegen muss man die Zeit-Struktur umgestalten können.

Für die Steuerung der Ereignisse muss man die Zeitstruktur in solch eine Richtung umgestalten, damit in der zukünftigen Zeit eine Information entsteht. *Man muss lernen, dieses Gebiet abzutrennen, und zwar das Gebiet, wo die Zeit vom Standpunkt unserer Wahrnehmung existiert, und das Gebiet anderer Informationsobjekte, für die dieses Milieu neutral ist.*

Nehmen wir an, dass für Zink, Magnesium und Eisen, die sich im Organismus als Stoffelemente befinden, der Begriff der Zeit aus dem Informationsgebiet ausgeschlossen ist. Deshalb, um den Zugang zu diesem Informationsgebiet zu erhalten und das Eisen (Fe-Ferrum – chemisches Element) zu steuern, d. h. die Konzentration zu erhöhen, besonders beim Schilddrüsenadenom, muss man Zugang zu diesem Informationsgebiet haben. Darum gebe ich die Spezifik des Zuganges zu der Information. *Der Zugang zu der Information ist die Fähigkeit der Approximation. Man muss ein vereinheitlichtes System des Zuganges zu einer beliebigen Informations-Quelle und zum Informations-Abfluss haben.* Die Quelle ist eine Zone der aktiven Ausgliederung der Informationsgebiete. Der Abfluss ist das, wohin die Informationsgebiete, visualisiert betrachtet, auf dem verborgenen Niveau einfließen. Ich schlage ein System vor, *dass man auf der Bewegungslinie von der Quelle bis zum Abfluss einen Eingangspunkt der Information findet.* Dabei, wenn man sogar den Begriff der Zeit hat – und die Struktur vom Eisen ist von diesem Begriff abgetrennt – kann man auf der Übergangsetappe in die Information vom Eisen, Magnesium, Zink und der anderen Metalle, Stoffe und im Prinzip jedes beliebigen Prozesses eintreten. *Ich führe mit Absicht das System der Zeit ausschließlich nur für die Wahrnehmung des Menschen ein.*

Es gibt einen zweiten Weg, der so genannte Weg der parallelen Appro-ximation, wenn auf der Informationsebene betrachtet wird, was für den Men-schen die Zeit bedeutet. Und es wird der identische Prozess für jeden beliebigen anderen Prozess des Objektes der Information betrachtet. *Die Approxomation der Zusammenführung verläuft auf der Ebene der identischen geometrischen Strukturen.* Zum Beispiel stellt die Zeit für den Menschen ein Gebiet in der Form eines Parallelepipeds im Bereich der Schilddrüse dar, für eines der Wahr-nehmungsebenen. Für den Stein aber charakterisiert dasselbe Gebiet eine Lage des Steines im Raum in Bezug auf die geometrische Umgebung. Ich spreche über die praktischen Ergebnisse, die durch Untersuchungen bestätigt wurden. *Die Zusammenführung gilt dafür, um die Steuerungsstruktur zu verstehen, z.B.* die innere Struktur eines Steines zu sehen und zu verstehen. In der Tat ist das die Entwicklung eines irrationalen Sehens – des Hellsehens. *Die Prozesse des Hellsehens geben die Möglichkeit für die Steuerung. Um zu verstehen, muss man die Begriffe der Zeit der eigenen Strukturen der Wahrnehmung und der anderen Information zusammenführen können.* Der neue Standpunkt, den ich gebe, ist eben gerade das Ausgangs-System zu der Steuerung. Mit dem Digital-verfahren wird das alles gemessen und es ist ersichtlich, d.h. es ist vereinheit-licht.

Weiterhin gebe ich ein System der Zusammenführung vor, wenn Sie Ihre In-formationsebene (die Ereignisebene der Zukunft – horizontale Schichten) in die gegenwärtige Zeit herausführen, um ein Zukunftsereignis aufzubauen. Gleichzeitig muss man auch die Ereignisse aus der Vergangenheit berücksich-tigen, d.h. der vergangene Doppelspieler soll hier auch dabei sein. Es entsteht eine Struktur mit folgendem Chrakter: Sie haben früher irgendetwas gegessen, z. B. viel aktivere Stoffe, sowohl organische als auch anorganische. Diese ha-ben sich in der Vergangenheit mit der Information Ihres Körpers nicht verei-nigt. Für die Zukunft bestimmen Sie jedoch diese Struktur nicht voraus: d.h.

© Г. П. Грабовой, 1996

was Sie in 2, 3, oder 50 Jahren essen werden. Deshalb bezeichnet man diese Strukturen der Zukunft als Zonen der voraussichtlichen Information (für das Essen wird man z. B. keinen Schwefelwasserstoff und sonstiges, nicht essbares, gebrauchen). Andererseits gibt es in der Vergangenheit mit Sicherheit eine organische und anorganische Struktur. Angenommen, man muss das Ereignis so aufbauen, dass Sie sich untersuchen lassen und man absolut nichts findet – Sie sind ein gesunder Mensch. Eine Diagnose ist lediglich ein Zustand der Gesundheit. Es existiert aber noch auch eine äußere Infrastruktur, d. h. eine Ereignisebene, (damit der Maschine keine Panne droht, damit es im Prinzip und allgemein keine Probleme in den Informationsstrukturen gibt). Deshalb muss hier berüchsichtigt werden, dass eine steuernde Informationsstruktur folgende Anbindungen haben kann. Sagen wir, es gibt einen gewissen Menschen – einen Partner, er kann visuell von hohem Wuchs sein und er ist ein mächtiger Mensch. Seine Information jedoch kann über 5 Jahre im Voraus auf einen zinkhaltigen Stoff projeziert werden, den Stoff, der einst beim Essen aufgenommen wurde. Die Information kann sich von der Logik her völlig unvorhersagbar mit den vergangenen oder zukünftigen Momenten überschneiden. Man muss verstehen, dass ich eine Theorie und Praxis der Erkenntnis gebe. Das ist einer der Gesichtspunkte, einer der Steuerungswege. Anhand dieses Herangehens kann man eine Vielzahl der Wege und der Steuerungsstrukturen errichten. Ich gebe bereits die digitale und mathematisch angebundene Bearbeitung vor und auch das, was an die Wahrnehmung angebunden ist.

Es wurden drei Positionen betrachtet: Zukunft, Vergangenheit und Gegenwart.

Die aus der Zusammenführung entstandene Struktur ergibt eine Informations-Struktur der Zukunft in der richtigen Form, wobei diese stets ein und die gleiche Form aufweisen muss. Ist ein Problem entstanden, muss es gelöst werden, damit es nicht nur einfach keine Diagnose in einer gewissen Zeit gibt, sondern dass es unter der Bedingung des ewigen Lebens überhaupt keine gibt. Man muss immer auf der Ebene der unendlichen Prozesse arbeiten. Die Mathematiker arbeiten mit den unendlichen Gebieten und erzielen Ergebnisse, die eine kanonische Form als Steuerung haben.

Das System der Optimierung auf der Ebene der Erkenntnis.

Es gibt eine Struktur der kreuzartigen Überschneidungen. Es wurde eine Einführung in das konkrete Training zu diesem Problem (Diagnose) vorgestellt. Die Struktur der Überschneidungen der vergangenen und zukünftigen Ereignisse ist formuliert, wenn ein Parallelepiped im Bereich der Schilddrüse betrachtet wird. Es wurde in der Form geändert. Die Überschneidung der horizontalen und vertikalen Gebiete ergibt ein Parallelepiped. Die Breite (eine Koordinate vom Menschen aus) ist 2 cm, die Vertikale längs des Menschen ist 3 cm, die Länge ist 4 cm. Das Parallelepiped leuchtet und ist bei digitaler Bearbeitung zu sehen. Seine Flächen müssen in direkter Sicht sein und um es herum muss sich eine Sphäre mit dem Radius von 8 cm befinden. Dabei soll das Zentrum dieser Sphäre auf der Überschneidung der Diagonalen einer der maximalen Flächen liegen. Deshalb gibt es jetzt eine bestimmte geometrische Verschiebung in dieser Zone. Die Zone ist so verschoben worden, dass die Sphäre von oben um 2 cm deformiert ist. Eine der Flächen (die kleine) des Parallelepipeds ist auf der oberen rechten Kante (von der Seite Ihres Rückens aus gesehen) um 1 cm gekürzt, d.h. es gibt zwei deformierte Zonen dieser Information im Vergleich zur kanonischen Ebene. Um diese zur kanonischen Ebene zu bringen, muss man verstehen, wo die Überschneidung der horizontalen und vertikalen Schichten eine sphärische Gestalt ergibt.

Ein System des sphäroidischen Denkens ist ein Prozess, bei dem die Informations- Bearbeitung und der Informations-Austausch am schnellsten gehen. Die Kompensation der informativen Strukturen passiert dann, wenn z. B. diese Sphäre eine höhere Geschwindigkeit des Informationsaustausches aufweist, als ein System der flächenhaften Strukturen, wie die der Schichtung inner-halb eines Parallelepipeds. Wenn die Schichtung innerhalb des Parallelepipeds einfach als eine Reihe von horizontalen und vertikalen Schichten betrachtet wird, so gibt es die Bereiche der Zusammenführung der zukünftigen und ver-gangenen Ereignisse - und wenn man dazu noch die Aufmerksamkeit auf die Zeigefinger der Hände von 22:00 Uhr bis 22:05 Uhr konzentriert, so *entsteht eine Projektion dieser Struktur auf die äußere Sphäre, und ihre Grenzen be-ginnen sich auszugleichen.* Das heist, die Konzentration der Aufmerksamkeit auf die Finger der Hände in dieser Zeit ergibt tatsächlich eine Steuerung der Situation im Voraus. *Der Blickwinkel dieser Methode basiert darauf, dass man die Situation steuern kann, indem man die Zeit und den Ort der Konzentration der Aufmerksamkeit kennt.*

Es gibt aber auch eine Struktur, *wenn der Mensch z. B. schläft* und mit seinem Bewusstsein nicht aktiv arbeitet. *Für diese Zeit gibt es eine Struktur des Ein-reibens bestimmter Körperbereiche mit bestimmten Kräutern.* Man muss dazu eine Verschreibung für die Kräutereinreibung bekommen. *Das ist wiederum ein System der Steuerung der Ereignisse, wo nicht nur einfach die Regenerie-rung der Gewebestruktur berücksichtigt wird, sondern auch die Optimierung der Ereignisse.* Einige Gewebestrukturen müssen wünschenswerterweise so wiederherhestellt werden, damit ein Ereignis im Voraus harmonisch optimiert wird. Das heißt, um ein Gewebe schnell wieder aufzubauen, muss man den ganzen vorangehenden Entwicklungsweg verstehen, der dieses Gewebe ge-formt hat. Deshalb, weil *jede Gewebezelle auf die gesamte äußere Informa-tion und auf alle äußeren Infrastrukturen reagiert,* einschließlich der Explo-sion in Tschernobyl und alles andere. Darum ist es wichtig zu verstehen: um die Information wieder herzustellen, zu kanonisieren, muss man es verstehen, die eigene Struktur so auszugleichen, dass dabei keine anderen Informations-Strukturen verletzt werden. Das ist das Konzept der Selbsterkenntnis des Systems der Steuerung.

Resümee

Es existiert der informative Hintergrund, der informative logische Doppelgänger der verborgenen Art, der die Realität eines Ereignisses in der Vergangenheit, der Zukunft und der Gegenwart bestimmt. In der Gegenwart ist das ein System der überkreuzten Gebiete, um einen anatomischen Körper herum. In der Zukunft sind das die informativen Strukturen des horizontalen Planes, in der Vergangenheit – des vertikalen. Bei der Überkreuzung können sie bestimmte parallelepipedische Zonen mit Deformations-Änderungen bilden. Diese können z. B. einer Diagnose entsprechen oder irgendeiner sozialen und finanziellen Situation im Leben, die ausgeglichen und optimiert werden muss. *Für die Optimierung muss man eine höhere Denkgeschwindigkeit - eine höhere Frequenz - erreichen,* d. h. Hellsehen – die Kontrolle über ein breiteres Spektrum. Dafür existiert ein System der Konzentration der Aufmerksamkeit, d. h. *die Aufmerksamkeit auf die Finger ergibt sphäroidische Projektionen.* In der Praxis bedeutet das, dass wir die intensiveren Denkzonen erreichen. Den genaueren Prozess – wie das im Bereich des Rückenmarkes, des Gehirns und der Zellenstruktur geschieht – erläutere ich in meinen Spezialkursen.

Man muss sich bemühen, die Methodik auf der Ebene der Fundamentalgesetze der Welt zu verstehen.

10. Struktur der Verbindung zwischen bestimmten Organen

Es existiert eine hinreichend offene Verbindung zwischen den Orga- nen - auf der Ebene bestimmter geometrischer Konstruktionen. Sie ist ziemlich einfach zu verfolgen und kann in der Statik als eine Form bestimmter Informa-

© Г. П. Грабовой, 1996

tionssphären fixiert werden. Es existiert aber noch eine Verbindung zwischen den Organen, die so genannte punktförmige Strukturform, wenn in regelmäßigen Zeitabständen eine leuchtende Gestalt erscheint (die im optischen Bereich fixiert wird). Wenn ein Prozess zu beobachten ist, so ist er objektiv. Diese Impulse sind Informationsquellen. Nach der Farbscala sind helle Töne: die Quellen, dunkle Töne: die Abflüsse. *Der Prozess, der der Schilddrüse entspricht, ist ein Prozess der Makro-Kontrolle über die Funktionen der Zellstruktur und der Organe.* Die Spezifik dieser Mikroimpulse, die von der Schilddrüse ausgehen, ist so, dass die Entstehung einer logisch determinierten Verbindung nicht nachvollziehbar ist. Es gibt einfach nur eine bestimmte hineingelegte Funktion für das Erscheinen einer Wirkung der Schilddrüse, wobei diese Funktion eine vorübergehende ist. Wenn man *diesen Punktimpuls im Bereich des rechten Schlüsselbeins alle 5 Minuten betrachtet (es geht ein Scan-Impuls), so ist das auch eine funktionelle Eigenschaft der Schilddrüse. Ich habe jetzt lediglich das Schlüsselbein betrachtet, und dies gerade mal 5 Minuten. Es entsteht ein Pikosekundenimpuls 10^{-12}. Das ist die Information über die Arbeit der Schilddrüse.*

Wenn der Gewebeumfang beginnt, sich zu verändern, dann verzerrt sich auch dieser Impuls. Er beginnt, eine zickzackförmige und blitzartige Form anzunehmen, jedoch der Norm nach müssen es direkte Strahlen sein. Bei den Messungen erfolgt das Scannen. Damit die Arbeit dieser Strahlen der Norm entspricht, muss man diese Information kanonisieren, d. h. zu geradlinigen Strahlen bringen, die vom physischen Zentrum der Schilddrüse bis zu den verschiedenen Organen strömen. Dafür gibt es ein spezielles Training. Dieses Training besteht darin, sich auf die Zeigefinger der Hände sowie auf die Daumen und große Zehen, von 22:17 Uhr bis 22:27 Uhr, zu konzentrieren. Wenn die Überschneidungen verschiedene Parameter haben, muss man einfach eine Tabelle zusammenstellen und diese wenigstens ablesen. Für das erste Mal wird es jedoch problematisch sein, die erschwerte Konstruktion zu steuern. Deshalb kann man das zu Beginn einfach nur ablesen und dann wird es allmählich zur Norm und das Ablesen kompensiert das Training für das Parallell-Denken. Warum spreche ich jetzt sofort über das System der Konzentration? Weil die bedingte Verbindung zwischen dieser Konzentration und diesen Impulsen ziemlich einfach ist. Sie besteht darin, *dass die Rezeptoren der Schilddrüse als statische Quellen gerade in diesen Geweben erscheinen: in den Zeigefingern und Daumen der Hände und in den großen Zehen der Füße. Gerade in diesen voluminösen Geweben erscheinen diese rezeptorischen Gewebe-Charakteristiken als ausstrahlende Rezeptoren.*

Wenn Sie sich konzentrieren, so senden Sie gleichzeitig auch alle diese Strahlen. In der ersten Wellenvariante ist diese Eigenschaft zu sehen. Ich erkläre die tiefgehende Struktur der Verbindungen absichtlich nicht, damit Sie das als eine Übung für sich selbst gedanklich durchführen und Ihre eigenen Konstruktionen aufbauen.

Die Frage ist: "Auf welche Gliedmaßen muss man sich gleichzeitig konzentrieren?"

Antwort: "Auf 6 Glieder: auf beide Zeigefinger, auf die Daumen und auf die großen Zehen. *Man muss sich vorstellen, dass die Strahlen von der Schilddrüse gleichzeitig zu allen diesen Gliedern gehen.*

Wenn sie sich überkreuzen (System des sekundären Denkens), so kann man sich eine vielfältige Form vorstellen. Das heißt, dass sich unterschiedliche Trainingsarten zu gleicher Zeit überschneiden können.

Sie können dann selbst später mit einem Training beginnen, aber nicht früher als nach einem Monat".

Frage: "Kann ich irgendetwas sehen?"

Antwort: "Ich gebe Ihnen ein System des irrationalen Sehens. Worin besteht dieses Sehen? Zunächst gibt es das was ich sage, was man mit den

Mitteln der objektiven Kontrolle erkennen kann. Dann, wenn Sie das wissen, beginnen Sie zu praktizieren, und das wird zu einer Norm für Sie. Aber das ist u. a. eine physiologische Norm, d. h. die informative Norm geht in die physiologische über. *Das Ziel ist folgendes: Sie müssen wissen, wo auf der Informationsebene geometrische Änderungen vor sich gehen und müssen diese in die Norm überführen.* Sobald Sie diese zur Norm gebracht haben, müssen bei Ihnen auch die physiologischen Übereinstimmungen entsprechend den Kanons normiert werden. *Alles hängt von der Geschwindigkeit Ihres Trainings ab.* Ich gebe Ihnen das Material für den ersten Monatskurs. Sie machen das, was ich sage. Das ist ein Erkenntnissystem. Indem Sie über die Startbasis verfügen, können Sie soviel wie möglich entwickeln. Sie sind jetzt mit Ihren Problemen zu mir gekommen, in 20 Jahren aber können diese sich ändern. Sie müssen ein Instrument in den Händen haben, welches Ihnen ermöglicht zu steuern. Ich gebe Ihnen einen meiner Standpunkte als Theorie und Praxis der Erkenntnis".

Frage: "Wie weit entfernt muss man die Finger halten?"

Antwort: "Man muss sie nicht halten, sondern sie sich vorstellen. Ich gebe ein Training für die Steuerung, ohne Hände und Füße zu bewegen. Sie können sich mit einer beliebigen Tätigkeit beschäftigen, versuchen Sie aber, schon zu steuern".

Frage: "Mir erschien eine Kugel. Kann das sein?"

Antwort: "Das ist irrationales Sehen". Sie nehmen richtig wahr. Sie beginnen, Segmente von sphärischer Form zu sehen. Sie sind auf einem ziemlich richtigen Weg. Bei der digitalen Bearbeitung der Information wird alles, was Sie fühlen, objektiviert. Das, was Sie beginnen zu sehen, das ist eben das Steuerungssystem. Das ist, allgemein gesagt, das, wonach ich eigentlich strebe".

Frage: "Das, was ich sehe, möchte ich noch einmal sehen".

Antwort: "Sie müssen für die Zukunft wissen, dass eine zeitliche Verschiebung einiger Objekte vor sich geht. Das heist, dass es in irgendeinem Moment, in irgendeinem Raum ein Objekt gibt, in einem anderen Raum aber kann dieses eine andere Form haben. *Sie müssen sich merken, dass Wiederholungen nicht unbedingt erforderlich sind.* Angenommen, es sind bei der Videoaufnahme mit der Kamera Wiederholungen möglich: das ist eine und dieselbe Form, eine und dieselbe Kleidung. *Die Informationsgebiete sind sehr veränderlich.* Weil das, was Sie zu sehen beginnen, Ihr Vorstellungsgebiet ist. Es existiert und kann gemessen werden. Das heist, dass jede beliebige Form der gedanklichen Tätigkeit als eine Form der Vorstellung gemessen werden kann. Auf diese Weise kann man sogar Zeichnungen erstellen: dafür wird die Denk-Konstruktion gemessen, zum Scannen umgebildet (Aufzeichnungsgerät) und die Zeichnung ist zu sehen. Das ist eine Praxis der Objektivierung. Das, was Sie sehen, ist bei Ihnen die Steuerung. Es gibt sowohl eine steuernde als auch eine neutrale Struktur. Ich gebe Ihnen eine steuernde Struktur. Das, was Sie sehen, sehen Sie richtig. Deshalb muss man sich nicht anhand wiederholender Formen weiterentwickeln, sondern anhand der Entwicklung eines eingenen Systems der Informationskontrolle, d. h. seinen Geist entwickeln. Es ist wünschenswert, sich mehr auf den Halsbereich der Wibelsäure zu konzentrieren.

Frage: " Muss ich mir diesen Bereich einfach vorstellen und ihn auch empfinden?"

Antwort: "Sie empfinden ja Ihren Halsbereich bis zum Brustbereich, d. h. Sie können das wenigstens geometrisch verstehen. Sie nehmen einfach einen Ausgangspunkt an und konzentrieren dort Ihre Aufmerksamkeit, danach beginnen Sie wieder diese Sphäre zu sehen. Das ist ein System der größeren Objektivierung des Prozesses. Man kann auch fühlen, viele Menschen streifen gedanklich mit der Hand darüber. Danach wird eine digitale Messung vorgenommen und das stimmt überein. Es geht darum, dass diese Gebiete hinreichend objektiv sind. Sie haben einen erhöhten Druck, und manchmal auch einen Sichtwinkel für die Temperatur, Farbe usw. Ich gebe Ihnen das allumfassende Verständnis zur Steuerung dieser verborgenen Materie. *Das Wissen der Gesetze und der Steuerungsformen bedeutet bereits eine Steuerung der physischen Realität.* Die Steuerung der physischen Realität allein ist jedoch kein Selbstzweck. Man kann auch die äußeren Strukturen des Makroverständnisses steuern. Aber zu einer besonders dynamisch zu kontrollierenden Form gehören z. B. die Diagnosen oder irgendwelche privaten Angelegenheiten im Leben. Deshalb müssen Sie Ihre Arbeit praktisch koordinieren: Sie führen einen Übungskomplex durch, überprüfen in der Praxis, was und in welcher Zeit erreicht wurde, dann führen Sie wieder ein System der Adaptierung und Korrelation Ihres Wissens durch. Dieser Weg kann sehr schnell sein. *Vorwiegend besteht das Bewusstsein darin, dass der Prozess buchstäblich ununterbrochen verfolgt werden kann.* Angenommen wenn Sie Kräuter einnehmen, so wirken sie in diesem Zeitabstand nur lokal. Indem sie lokal wirken, arbeitet jede Funktion des Bewusstseins immer auf der Makroebene. In diesem Sinne *müssen Sie sich bemühen, manchmal auch in das Kompensationssystem einzutreten.* Das heißt, ist es sinnvoll, Kräuter zu trinken, oder diesen Prozess über den Weg der neuen Erkenntnis zu kompensieren? *Es gibt Prozesse, die nach meiner praktischen Erfahrung nur über das System der Erkenntnis zu optimieren sind.* Zum Beispiel, wenn es sich um einen komplizierten Prozess handelt – die Zerstörung des Körpers - dann wirkt nur das Erkenntnissystem. Kräuter sind hier schon wenig konstruktiv. *Deswegen muss man für die Wiederherstellung der Gesundheit praktisch ein Training und eine Korrelation durchführen.* Obwohl in der Praxis ein Training schon alle Probleme lösen kann, dann ist eine Korrelation dazu nicht mehr erforderlich. *Das Wichtigste ist zu wissen, welche Formen es gibt und wo sie sich befinden.* Dennoch, ich denke logisch, ist es wünschenswert, die konkreten Aufgaben zu stellen, deren Lösung zu erken-

54 © Г. П. Грабовой, 1996

nen und festzustellen, in welchem Zeitabschnitt diese Lösung mit Ihrer Praxis zusammenfällt. Dann muss man das entwickeln, was als Hellsehen oder irrationales Sehen bezeichnet wird. Bei Ihnen erschienen alle diese Elemente nach dem ersten Mal.

Frage: "Über welches Wissen muss man verfügen?"

Antwort: "Man muss das primäre Prinzip haben. Wenn ein Mensch über kein Wissen und keine Hilfsmittel für seine Rettung verfügt, so hat er wenigstens das Prinzip seines eigenen Denkvermögens. Das Prinzip des eigenen Denkens kann z. B. auf der Ebene der Logik Maschinen bauen usw. In diesem Fall aber ist die Rede von der Rettung in einer konkreten Situation, über die Eigensteuerung und über die Steuerung der Ereignisse. *Deshalb muss man verstehen, dass es um den fundamentalen Sinn des Daseins geht, wo es eine Steuerung der äußeren Situation gibt – über das System des inneren Geistes, der inneren Erkenntnis.* Deshalb muss man bei der Konzentration vor allem davon ausgehen, dass das eine Kraftcharakteristik ist. Sie basiert auf bestimmten verborgenen Gesetzen, die objektiviert werden. Man kann das einer digitalen Analyse entnehmen. Es geht aber darum, dass ein Computer nur einen lokalen Teil der Beobachtungen darstellt, und zwar nur den Rechenteil. Sie aber müssen alle Ihre äußeren Informationsstrukturen verstehen. Die Konzentration muss unter Berücksichtigung aller Faktoren einhergehen. Stellt man ein Problem fest, wird eine Konzentration durchgeführt. Eine der Methoden, die ich jetzt gebe, ist die Lösung irgendeines Problems. Aber zukünftig muss man verstehen, dass es wünschenswert ist, eine Entwicklung in die Konzentration hineinzulegen. Aber sogar jetzt muss man die Nuancen, den Blickwinkel und das Herangehen verstehen: von welcher Seite aus, unter welchem Grad usw.

Frage: "Wie oft muss man die Arbeit mit Ihren Materialien durchführen?"

© Г. П. Грабовой, 1996

Antwort: "Wünschenswert ist, nicht weniger als einmal pro Tag. Man kann das aber auch so oft wie möglich machen. Es kamen Patienten mit Diabetes zu mir, bei denen das Sehvemögen praktisch verloren war. Sie haben sich die Audiokassette mehrmals am Tag angehört, und das Auge wurde regeneriert. In anderen Fällen geschah die Heilung alleine schon dank des Vorhandenseins meiner Texte im Radius von fünf Metern. Dabei wendet man sich praktisch in Gedanken immer an mich. Das sind konkrete Fälle. Dank der intensiven Arbeit mit meinen Materialien und der zahlreichen gedanklichen Zuwendungen zu mir, mit konkreter Ansprache, wird der Prozess der Regenerierung und Optimierung beschleunigt".

Frage: "Ich höre mir die Audiokassette mit Ihren Vorlesungen an, lese Ihre Materialien durch und Sie helfen mir dabei?"

Antwort: "Selbstverständlich, ich arbeitet mit allen die sich in Gedanken an mich wenden, meine Texte lesen und sich die Audiokassetten anhören usw. Je tiefer und je schneller Sie mein Wissen verstehen, umso mehr praktische Methoden erhalten Sie und desto weniger Probleme können in der Zukunft auf Sie zukommen".

Frage: "Mich hat immer die Vergangenheit gelenkt. Ich kann über die Zukunft kaum nachdenken. Erst gestern habe ich mich ein bisschen in der Zukunft gefühlt".

Antwort: "Ich habe verstanden. Ich gebe Ihnen ein konkretes Training. Angenommen, es sind jetzt 22 Sekunden, und ich schaue jetzt noch einmal auf die Uhr – es sind bereits 25 Sekunden. Vergleichen Sie zwei Ihrer Zustände aus der Sicht der Konzentration auf die Finger. In welcher Zeit und wie Sie sich konzentrieren? Es scheint so, als ob das eine Linie der Wahrnehmung vom gleichen Typ ist. Es gibt aber einen Unterschied bei der Schilddrüse, wo es einen Punkt der Zusammenführung der zukünftigen und vergangenen Ereignisse auf der Ebene der Geometrie gibt. *Um sich in der Zukunft zu fühlen, reicht es*

56 © Г. П. Грабовой, 1996

einfach aus, Ihre Aufmerksamkeit auf die rechte Zone der Schilddrüse oder auf den kleinen Finger der rechten Hand zu konzentrieren. Das wird Ihr Zustand in der Zukunft sein, ungefähr 24 Stunden im Voraus".

Frage: "Muss ich dieses Gefühl verstehen?"

Antwort: "Ja, man kann das über die Informationsform. Das ist ein Training der Form der zukünftigen Information. Real aber werden Sie sich natürlich hier befinden. Es gibt eine solche Entflechtungsstruktur wie eine knäulartige Informationsform. *Es vollzieht sich die Entflechtung der Informationsform nach der Form eines Knäuls.* Man sieht das anhand der Ziffern. Wenn Sie in die Form der zukünftigen Information hineingehen und die Zukunft erreichen, so sieht man jeden Blickwinkel des Bindegewebes als ein Abwickeln des Knäuls. Man sieht, wie es sich verkleinert und einrollt. *Im Bereich der rechten Schulter stellt dieses Knäul eine Sphäre mit dem Durchmesser von 14 cm dar.* Sie verkleinert sich und dieses kleine Knäul geht durch den Magen und das Herz bis zur Schilddrüse, und von dort aus geht es weiter in die Gehirnregion unterhalb der Gehirnrinde".

Frage: "Ist die Zelle weniger wichtig?"

Antwort: "In diesem Fall sprechen wir über das Knäul. Es tritt dort die ganze Zeit in Erscheinung. Man darf nicht sagen, dass die Zelle ein weniger wichtiges Gewebe ist. Ich verhalte mich immer zu einer beliebigen Information neutral. Ich zeige bloß einen Mechanismus auf, wie sich das Abrollen des zukünftigen Aspektes vollzieht. Das heißt, die Arbeit mit der Zukunft, ist u. a. Arbeit mit der Informationsform.

Frage: "Lege ich etwas mit meinen Emotionen in die Zukunft hinein?"

Antwort: "Wenn man Passivität ausdrückt, so bekommt man auch Passivität. Gibt es ein Problem, dann gestalten Sie dieses um und lösen es. Bemühen Sie sich, eine optimale Steuerungsstruktur zu finden. Benutzen Sie verschiedene Ressourcen des laufenden Verständnisses und des Zustandes, um ein Ergebnis der Steuerung und der Rettung schneller zu erreichen. Es existiert ein Element eines solchen Planes. Für die Steuerung des Systems des irrationalen Sehens muss man sich auf die Füße von 22:00 Uhr bis 22:05 Uhr konzentrieren. *Praktisch vollzieht sich die Aktivierung der Gehirnregion unterhalb der Gehirnrinde. Das ist eines der Elemente. Das heißt, viele Fragen konnen über das Konzentrationssystem gelöst werden und dabei werden konkrete Antworten erhalten.* Sie haben den Zugang zur Information. Sie sehen nicht nur eine Form, sondern bekommen auch konkrete Antworten. Die Information ist dynamisch, man kann sie verändern und umgestalten, sowie auch die erwünschten Antworten bekommen".

Frage: "Ob der Mensch schon mit der eingegebenen Information zur Welt kommt?"

Antwort: "Selbstverständlich. Es gibt sehr viele eingegebene Informationen. Man kann sie verändern. Ich gebe Ihnen eine Methode der Steuerung, ohne dass dabei alle anderen Seiten benachteiligt werden".

Frage: "Was bedeutet die Erblichkeit?"

Antwort: *"Die Erblichkeit ist auch eine Informationsstruktur* mit einer Ereignisebene. Geben Sie der Information mehr Aufmerksamkeit, die Ihrer Gesundheit entspricht. Das kann aber nicht nur Ihr Organismus sein, das können auch äußere Ereignisse sein, die ökologische Umwelt usw. Das Gesetz ist so, je mehr Sie die Linie Ihrer Erblichkeit wieder aufbauen, d. h. je gesünder Sie werden, desto gesünder werden alle Ihre nachfolgenden Generationen, d. h. Sie bringen lauter Nutzen. Es gibt keinen Begriff der "Überziehung von Krankheiten". *Wenn Sie wenigstens für eine elementare Substanz oder eine Zelle etwas verbessert haben, so haben Sie damit alles und überall verbessert.* Ich gebe die Entwicklung anhand des Gesetzes über die allgemeinen Verbindungen. Deshalb führt eine Verbesserung auf einem Gebiet immer zur allgemeinen Verbesserung, und das vollzieht sich über die entsprechende Verbesserung aller Verbindungen während des Arbeitsprozesses. Dementsprechend bestimmt mein Wissen eine schöpferische Struktur der Steuerung. Deshalb kann man es auch ohne Begrenzungen weiter verbreiten. Dabei wird das Prinzip der Rettung vollbracht, das davon zeugt, dass je mehr mein Wissen genutzt wird, desto schneller werden die praktischen Prinzipien der Rettung realisiert.

Die Standpunkte können sich ändern. Man kann das auch noch aus einer anderen Sicht sehen. Wünschen Sie es, so sehen Sie das mit einem Verfahren, wünschen Sie es anders, so sehen Sie das mit einem anderen. Um bei der Zwischenvariante in das Informationsgebiet zu gelangen, gibt es ein bestimmtes Training von 22:17 Uhr bis 22:22 Uhr – die Konzentration auf den Zeigefinger der rechten Hand. Dort wird der Weg schon viel korrekter sein. Es ist wünschenswert, dass Sie etappenweise arbeiten. Es gibt eine Ebene der Organisation der Form.

11. Informations-Strukturen

Die deklarative Eigenschaft der Informationsstrukturen ist eine repräsentative, wenn eine primäre Informationsstruktur von irgendwelchen Geweben des Organismus oder einer gewissen Substanz, die sich auf den Menschen bezieht, wahrgenommen wird. Diese Strukutur kann die Information widerspiegeln, aber der Form nach einer Steuerungsstruktur nicht entsprechen. Dort braucht man eine steuernde Wurzelstruktur, wo bei beliebigen Umgestaltungen die grundsätzliche kanonische Matrixform erhalten bleibt.

Das heißt, die Basis-Informationsstrukur, die in einem beliebigen Informationsbereich steuert. Die deklarative repräsentative Struktur kann dabei die gleiche Form haben, ihr Unterschied aber besteht in der Konfiguration der Form entsprechend der inneren Projektion. Es ist zwar die innere Projektion gemeint, was aber nicht bedeutet, dass man eine Sphäre nimmt, durchschneidet und dann schaut, was sich im Inneren befindet. Es ist eine innere Projektion vom Standpunkt der Bewusstseins-Wahrnehmung aus gemeint. *Ich gebe alles vom Standpunkt der Bewusstseins-Wahrnehmung.* Deshalb muss man das hier gerade so betrachten, wie es Ihr Bewusstsein erlaubt, diese Projektion zu sehen. Das heißt, wenn Sie sich einer gewissen Informationssphäre annähern, so kann bei der Berührung die innere Projektion als gleichartiges Milieu auftreten, das in verschiedenen Richtungen einheitlich ist, d. h. eine Basisform. Sie kann sich aber auch als eine gewisse Vielfalt vorgestellt werden, in der Form eines nach oben gehenden Zyliders. Oder es gibt z. B. das sogenannte Möbius Band, d. h., wenn man etwas die ganze Zeit nur längs einer Seite bewegt und es dabei keine Überschneidungen mit der anderen Seite gibt. Solche unendlichen Strukturen werden bei der Objektivierung von gewissen Korridor-Strukturen visualisiert. Es gibt auch eine Berührung mit der steuernden Struktur. Diese geschieht nur auf der Ebene eines schnellen Reflexes. Das heißt, wenn Sie auf die Information schauen, so steuern Sie nur im Zwischenraum bei deren dynamischen Bewegung, natürlich nur in dieser Etappe der Wahrnehmung. Ich spreche nur für die jetzige Zeit, diesen Ort und für die Erweiterung des Systems der bewussten Wahrnehmung.

Wenn man solch eine Struktur wie eine Krankheit betrachtet (die Information einer Krankheit, einer nicht erwünschten Richtung eines Ereignisses), so ist das eine dynamische Information. Das heißt, es wird zunächst eine Struktur für das Ansammeln der Information erdacht und danach irgendeine ihrer nachfolgenden Veränderung – Charakteristika: Zerstörung, Umgestaltung usw. Diese dynamische Struktur auf der Ebene der schnellen reflektorischen Wahrnehmung des Bewusstseins und der Steuerung besteht darum, um zeitlich verstehen zu können, in welchem Punkt man die Steuerung beginnt. *Das System ist so, dass man auch in der Statik zur Steuerung im Geschwindigkeits-Richtplan übergehen kann. Dafür reicht es aus, ein System der Konzentration der Aufmerksamkeit auf die Gehirnregion unter der Gehirnrinde zu finden.* Da

60   © Г. П. Грабовой, 1996

diese Gehirnregion durch das physische Sehvermöhen nicht visualisierbar ist, so wird eine approximierende Struktur auf den Organen gegeben. Das sind die Zeigefinger der Hände.

Die Konzentration ist von 22:45 Uhr bis 22:47 Uhr (zwei Minuten). Die Konzentration plus auch noch die Dynamik der grünen Farbe. Es ist gerade nicht die Vorstellung über die grüne Farbe, sondern der sogenannte Begriff der "Dynamik der grünen Farbe". Wie wird die grüne Farbe geformt, wie ändert sie sich, wie bewegt sie sich in der verborgenen Welt und welche Information entspricht der grünen Farbe. Das heißt, das ist eine Lernstruktur. Das zählt schon als eine Aufgabe. Man muss eine beliebige Informationsform vom Standpunkt der dynamischen Struktur aus untersuchen. Es gibt solch einen Begriff wie "die grüne Farbe". Man muss sich über diese Fragen Gedanken machen und sie beantworten. Was bedeutet die grüne Farbe vom Standpunkt der Information aus? Wo befindet sie sich geometrisch? Wie kann man diese Dynamik steuern, wenn man die Form ändert, um ein Ereignis im Voraus zu verändern usw.? Diese Methode kann auch für ein beliebiges anderes Ereignis angewendet werden. Ich spreche über die grüne Farbe aus der Sicht der vorhandenen Angaben. Es ist wünschenswert zu verstehen, dass die grüne Farbe eine Struktur des primären Austrittes bis zur nächsten Etappe hat. *Man kann sich auf die blaue, die violette und andere Farben ausrichten und bereits weiter mit dem Farbkomplex arbeiten, um die Ereignisse konstruktiv zu formen, indem man die Farbelemente aneinanderlegt und dadurch ein Ereignis im nötigen Spektrum erhält.* Im nötigen Spektrum - das bedeutet bereits dasjenige Ereigniss, welches Sie wollen. Aber dafür ist das viel gewöhnlicher für die Formierung. Wenn man zuerst betrachtet, in welchem Spektrumsbereich und in welcher Form sich das Ereignis im Voraus befindet, und man danach irgendein Segment entfernen und austauschen will, *so kann man ein Spektrum gedanklich einfach austauschen - und das Ereignis bildet sich.* Das wird als die

© Г. П. Грабовой, 1996

spektrale Struktur der Formierung des Ereignisplanes bezeichnet. Man muss aber verstehen, ein System des Zuganges über die Annäherung an die Basisstrukturen zu bilden. Diese kann sofort gefunden werden. *Es gibt aber auch eine Möglicheit der Vervollkommnung auf der logischen Ebene sowie den Ausgang anhand der Struktur des Wissens. Das heißt, ich gebe Wissen und dieses kompensiert die irrationalen Methoden.* Allmählich verwandelt es sich auch in rationale Fähigkeiten, wenn man beliebige andere Strukturen von dieser Position aus untersuchen kann. Was ist das Hellsehen? Das ist ein bestimmtes System der Erkenntnis, d. h. das Wissen dessen, was in der Zukunft oder in der Vergangenheit ist, und das bedeutet das Wissen über einige Aspekte eines anderen Planes. Deshalb *kann die Basisstruktur aus beliebigen anderen Strukturen bestimmt werden. Das ist eine repräsentative Welle oder eine sekundäre Welle der Information.* Es gibt den Begriff der gasdynamischen Welle. In der Gasdynamik erhält man, wenn sie gemessen wird, den Faktor des sekundären Ereignisses. Warum habe ich eine gasdynamische Welle genommen? Weil die Prozesse, die auf den verborgenen Ebenen geschehen, oft zusammenfallen. Sie fallen gerade auf der Ebene der sich widerspiegelnden sekundären Wellen zusammen.

Ich habe Sie absichtlich zu der Wellen-Struktur der Wahrnehmung gebracht, *weil die Form eine statische und härtere Sturuktur ist. Dennoch kann man auch über die Wellen-Struktur wahrnehmen.*

Jetzt aber muss man z. B. *auf die Wahrnehmung der Wellenstruktur übergehen, d. h. man muss fühlen.* Wenn Sie heute einen bestimmten Impuls im Herzbereich empfunden haben, war das eine Wellen-Diffraktion. Sie sind auf die gefühlsmäßige Wahrnehmung übergegangen. Manchmal kann man auch mit der Form arbeiten, das ist gleichwertig. Sie fordert keine Konzentration der Aufmerksamkeit, um eine Empfindlichkeit auf einem Finger oder irgendwo auf dem Körper zu erhalten. *Die Welle aber erfordert Zeit, um noch ein auf der Ebene der Reflexe eingegangenes Signal zu begreifen.* Das ist aber eine mehr fühlbare Variante.

Die nächste Variante liegt auf der Ebene der Aufgabe, d. h. Sie müssen eine Information als Form in die Information der Wahrnehmung als eine Wellenstruktur überführen und, wenn es Zeit gibt, ein Empfinden von der segmentaren Wirkung der Welle in irgendeinem Organ oder irgendeinem Punkt usw. erhalten. *Der Prozess der Wiederherstellung des Gewebes, das was als Heilung bezeichnet wird, geschieht auf der Ebene der Wiederherstellung der Gewebe-Informationsstruktur.* Ich gebe Ihnen jetzt den Übergang auf die Gewebestruktur. *Man kann sofort über die Basisform die Gewebestruktur erreichen, es geht aber auch über diese Wellen-Kriterien.* Dann sind alle Geschwindigkeitsprozesse (z. B. Anschluss an die Information mit einer bestimmten Geschwindigkeit) in ein ziemlich einfaches Trainingssystem, sowohl zur Steuerung der Wellen-Struktur, zu überführen als auch zum Zerlegen der Geschwindigkeitsbereiche in Bereiche mit geringeren Geschwindigkeiten. Das bedeutet aber nicht, dass man sich unbedingt anstrengen und eine große Geschwindigkeit dieser Substanzen verfolgen muss. Mann kann in die Unterstruktur großer Zeitintervalle eingehen und sich dort schon beschäftigen. Für die Wahrnehmung über das Hellsehen, das Hellwissen, einschließlich dem logischen, kann man den Pikosekundenimpuls (10^{-12}) in noch kleinere Intervalle zerlegen und in den Raum der Zeitverzögerung auf der Bewusstseinsebene hineingehen, *wo man eine beliebige Information, sogar eine sehr kleine, in der Art einer Form als Raum sehen und von da an nicht mehr mit der Zeit, sondern mit dem Raum arbeiten kann.* Ich gebe mit Absicht die Technologie des Wechselns der Standpunkte. *Indem man den Standpunkt dauernd ändert, kann man von einem Standpunkt zum anderen übergehen:* das System der autonomen Beweglichkeit bei der Erkenntnis. Diese Struktur wird als ein vertikaler leuchtender Pfahl gemessen, der in Bezug auf das Niveau sehr gewaltig ist. Manchmal ist das erforderlich, um viele Prozesse im Organismus wieder aufzubauen.

In dieser Etappe gebe ich Ihnen anhand des Niveaus einer ziemlich schnellen Wahrnehmung die drei Hauptetappen zum Nachdenken, diese werden hier als Aufgabe vorgestellt.

Frage: "Ich habe bereits so viele Fragen, dass man sie nicht mehr stellen muss, sondern erkennen".

Antwort: "Ja, man muss die Fragen erkennen. Dann bestimmt die Erkenntnis den Weg, der in den Fragen selbst enthalten ist. Wenn Sie sich meine Audio- und Fernsehübertragungen anhören, meine Vorlesungen durchlesen, so bemühen Sie sich, die Gebiete zu visualisieren. Was geschieht auf der Ebene der Visualisierung? Wie sehen Sie das auf der Ebene der Farben? Sie haben vorher nur einen Teil der Sphäre gesehen. Sie begann in Erscheinung zu treten. Wie ist die Situation jetzt?"

Frage: "Ich sehe einen violetten Kreis. Der violette Kreis bewegt sich nach unten".

Antwort: "Richtig. Ich habe Ihnen jetzt ein System des Überganges von der grünen Farbe zu der blauen und violetten gegeben. Sie haben die violette Farbe erreicht. Und für mich ist es wichtig, dass Sie mit dem ganzen Spektrum arbeiten können, ohne eine Reihe von Strukturen zu überspringen. Ich *biete* Ihnen nicht nur die Arbeit mit der Farbe, sondern zeige eine Möglichkeit, jede beliebige Struktur zu steuern - über die Entwicklung, die anhand der Farbe, der Informationsgebiete, Informationsformen usw. gegeben wurde. Ich gebe Ihnen eine Technologie der Ausbildung, die in die geistige Steuerung umgestaltet wird".

Frage: "Was muss ich tun?" Ich kann mich selbst überhaupt nicht kontrollieren".

Antwort: "Schreiben Sie auf ein Blatt Papier und schauen Sie darauf. Die Information kann man nicht unbedingt als eine Konzentration aufnehmen, sondern als eine Information, die z. B. in diesem Umfang eingelegt ist. Alles, was Sie machen müssen: schreiben Sie und schauen Sie auf das Blatt".

Frage: "Wenn ich von Zeit zu Zeit das Gefühl habe, einen Kloß im Hals zu haben?"

Antwort: "Das ist eine erhöhte Dosis an Radioaktivität, die Sie früher erhalten haben. *Allmählich beginnen Sie, die Radioaktivität aus der Schilddrüse herauszuführen und dadurch entsteht das Gefühl, einen Kloß im Hals zu haben.* Dieses wird nachlassen, wenn Sie sich konzentrieren. Ich gebe ein System zur Wiederherstellung der Zellstruktur. Es vollzieht sich bei Ihnen die Herausführung von radioaktiven Isotopen aus den Zellen. Wie kann man sie herausführen? *Die optimale Zone für den maximalen Kontakt mit dem äußeren Milieu ist die Schilddrüse.* Sie machen das richtig".

Frage: "Sogar wenn ich trinke, entsteht ein schmerzhaftes Empfinden. Kann so etwas sein?"

Antwort: "Sie haben sich überangestrengt, es verläuft bei Ihnen eine Reaktion des Muskelgewebes. Es ist wünschenswert, jede beliebige Struktur steuern zu können, auch einschließlich des Zustandes. Man muss ein Herangehen finden, damit die Empfindungen im Hals für diesen Moment im Normbereich liegen."

Frage: "Ist es erwünscht, in einer bestimmten Zeit zu arbeiten?"

Antwort: "Wünschenswert ist es, von 22 Uhr bis 23 Uhr. Aber auch außerhalb dieser Stunde können Sie arbeiten, wenn Sie wollen. Es reicht aus, gedanklich Ihre Arbeit auf diese Stunde zu projezieren, oder eine Korrektur durchzuführen, die zu einer Unabhängigkeit der Arbeit von der Zeit führt. Zu Beginn kann man das Zeitintervall einhalten, um die Verbindung der Zeit mit dem geographischen Faktor zu verstehen. Der Meridian, der durch den gemeinsamen Ausgangspunkt auf die Information läuft, funktioniert besonders aktiv in dieser Ortszeit. Deshalb bleibt die Reaktion auf diese Zeitkonstante er-

© Г. П. Грабовой, 1996

halten. Die Zeit läuft noch und wird auch weiterhin laufen. Wenn Sie schon die Struktur der sekundären Steuerung erreicht haben, kann man die Zeit verschieben und somit auch die Regulierung dieser Stunde durchführen. Man kann die Informationsstrukturen wechseln. So, wie Sie sofort die violette Farbe erreicht haben, kann man auch die anderen steuernden Strukturen erreichen. Dazu muss man aber stets meine Vorlesungen studieren und zwar aus verschiedenen Aspekten der Wahrnehmung. Jedes wiederholte Studium meines Wissens kann jedes Mal als Aufnahme eines völlig neuen Wissens wahrgenommen werden".

12. Struktur der bipolaren Signale im Menschen

Betrachten wir das anhand des Problems der Heilung der Parkinsonischen Krankheit.

Wir betrachten eine Struktur der bipolaren Signale im Menschen, wo die Polarität die Zyklizität Ihrer Wahrnehmung bestimmt, und zwar als eine Gewebe-Wahrnehmung sowie eine Bewusstseins-Wahrnehmung. *Das erste Element der Polarität ist ein Minusfaktor (-)* (nicht im Sinne von etwas Gutem oder Schlechtem). Bei Messungen mit Mitteln der objektiven Kontrolle mittels eines Spannungszeigers gibt es bestimmte Charakteristika der Spannung. *Das zweite Element der Polarität ist ein Plusfaktor (+),* der ebenfalls durch die Mittel der objektiven Kontrolle charakterisiert wird. *Im rechten kleinen Finger befindet sich eine Minusfaktor-Struktur. Das ist eine Struktur der Verringerung der Ereignisse - nach Dichte und Dimension der Ausbreitung. Der kleine Finger der linken Hand ist eine Struktur der Anreicherung der Ereignisse nach den vereinheitlichten Aspekten.* Die Quelle ist der kleine Finger der linken Hand, der Abfluss der kleine Finger der rechten Hand.

Es entsteht ein Bogen der peripheren Ereignis-Struktur. Sie hat verschiedene Schattierungen der Wahrnehmung, entsprechend der Farbe des Regenbogens. Besonders aktiv ist die Rosafarbe und oder die einer pinkroten

Rose usw. Besonders passiv sind in diesem Spektral-Aspekt die grüne und die blaue Farbe. Passivität und Aktivität - vom Standpunkt Ihrer Wahrnehmung aus. Diese teilt sich in ein aktives Stadium, wo die von Ihrer Seite ausgehende steuernde Information sich mit den roten Tönen berührt. Die Passivität aber ist die blau-grüne Farbe.

Um eine Information wiederherzustellen, die diesem Bereich entspricht, muss man das primäre Prinzip verstehen. Man kann eine Situation aus einer beliebigen Informations-Quelle steuern. Das heißt, Sie nehmen etwas wahr und können die Theorie dazu benutzen, um zu verstehen, wie diese Situation zu steuern ist.

Zwischen diesen Fingern gibt es einen Teil eines Segmentes, der in der Perspektive von Ihnen für die Steuerung genutzt werden kann. Man muss diesen Informationsbogen finden. Man muss sich von 22:00 Uhr bis 22:17 Uhr auf die kleinen Finger der Hände konzentrieren. *Dabei bemühen Sie sich auf der Ebene des Bewusstseins, einen Bogen zu visualisieren, der die kleinen Finger zusammenschließt.* Berücksichtigen Sie auch dabei, dass die Information vom rechten kleinen Finger aufgenommen wird und vom linken ausströmt. Wenn man in Bezug auf die Spitzen der kleinen Finger eine Gerade zieht, dann ist alles, was sich höher und entlang der vertikalen Linie befindet, ein Prozess, der nach dem Uhrzeigersinn verläuft. Und das, was unten ist, das ist ein Prozess, der gegen den Uhrzeigersinn verläuft, d. h. eine Einteilung in ein offenbares und nichtoffenbares (Bewusstsein und Unterbewusstsein).

Um eine Sphäre zu visualisieren und diese tiefer zu verstehen, muss man sich bemühen zu verstehen, wie sich die Überströmung vollzieht. Darum gebe ich auch sofort die Praxis des fühlbaren Planes, d. h. man muss das fühlen und empfinden. Über die Empfindungen kann man die Reduzierung der Signale erreichen, wenn die äußere Information solche Erscheinungen wie die Parkinsonische Krankheit schon nicht mehr hervorruft. Dabei muss man

© Г. П. Грабовой, 1996

auch noch die primäre anorganische Ursache kennen. Man muss den Steiß-
beinbereich der Wirbelsäule betrachten (geometrisch gesehen: der 2. Wirbel
von unten nach oben) sowie die Ereignisse vor 7-10 Jahren in Verbindung mit
der Entstehung der Krankheit.

Für die Steuerung dieser Struktur überführen Sie diese Information auf
die Ebene des Bogens. Sehen Sie, wie sich die Ereignisse vollzogen haben und
versuchen Sie herauszufinden, wie die Zusammenhänge Ursache und Wirkung
zwischen Ihrem Zustand und den damaligen Ereignissen waren.

Es gibt die Methode des primären Impulses, wenn Sie empfinden, indem Sie die Information zum ersten Mal wahrnehmen, dass irgendein Infor-
mations-Milieu auf Sie zukommt und Sie sofort beginnen, auf der Ebene der
Mittel für die subjektive Kontrolle zu steuern. Selbst technische Einrichtungen
können auf den primären Impuls reagieren und sofort eine sekundäre Reaktion
auslösen. Die Geber des Computers reagieren sofort auf das äußere Milieu.
Beim Menschen geschieht das aber über *ein System der entfernten primären
Signale*. Das ist einer der Standpunkte in Bezug auf den Menschen. *Diese befinden sich im Radius von 7 - 10 Metern vom Menschen entfernt.*

Wenn Sie verstehen wollen, wie man den Impuls umgestalten muss,
der in die Richtung des Bogens geht, muss man sich auf diese Bogenstrecke
konzentrieren. Man muss von 22:17 Uhr bis 22:20 Uhr in sich hineinhören (Sie
hören in sich hinein und schauen mit innerem Blick).

Wenn bei Ihnen irgendeine Meinung entsteht, so bemühen Sie sich,
diese Meinung auf einen der Blickwinkel dieses Bogens zu formulieren: entweder auf dem oberen oder auf dem unteren. Der obere ist das Bewusstsein,
der untere – die nichtoffenen Prozesse. Und sobald Sie Ihre Wahrnehmung mit
dem Willen dorthin überführt haben, so haben Sie praktisch die erste Ebene der
Stabilisierung erreicht. Im Prinzip kann man diese Struktur weiter entwickeln
und durch zusätzliche Gesichtspunkte ergänzen. Es vollzieht sich ein dyna-

68

mischer Prozess, d. h. man kann auf der Gedankenebene mit verschiedenen Gedanken und Formen anhand folgender Interpretation arbeiten: Eine beliebige Handlung verändert die Information. Es ist nur wichtig zu verstehen, welche Handlung gerade, wo und an welchem Ort die Information verändert, und auch, zu verstehen, dass sich dabei die Arbeit mit der Zeitstruktur vollzieht. Dabei ist es wichtig zu berücksichtigen, dass das Ergebnis beständig sein soll. Je tiefgründiger Sie diese Theorie und Praxis erlernen, desto schneller gehen die Wiederherstellung-Prozesse vor sich.

13. Methode zur Steuerung des Magen-Darm-Kanals und der Rückenmarkflüssigkeit

Ich gebe eine Praxis zur Steuerung der Information, d. h. zur Steuerung der Ereignisse im Voraus, wo ein gesunder Mensch eine der Komponenten der Ereignisse darstellt. Ich gebe in diesem Fall eine Steuerung der Struktur des Magen-Darm-Kanals plus eine Struktur zur Steuerung der Rückenmarkflüssigkeit. In diesem Fall gibt es zwei Strukturen. Danach betrachte ich das Problem der Wiederherstellung der linken Niere.

Es gibt eine Information, die diesen Prozessen entspricht. Sie wird wie folgt verteilt: *die primäre informative Quelle ist die wiederherstellende Struktur und sie befindet sich auf dem Niveau der rechten Hand, nicht weiter als 2 cm von der Haut entfernt.* Das ist ein solcher Punkt, der die Information mit dem äußeren Milieu organisiert, wenn es Veränderungen in der Informationsstruktur der Organe des Magen-Darm-Kanals gibt.

Auf der Informationsebene hat der Magen-Darm-Kanal ca. drei Systeme. Ein reales anatomisches System: das Magen-Darm-System. Das zweite ist die informationelle Widerspiegelung, das heißt das, was man vom Standpunkt der Diagnostik verstehen kann, z. B. durch Röntgen. Das dritte ist ein kanonisches Matrixsystem, als Art einer wahren Information vom Standpunkt des Positiven für ein Ereignis im Voraus. Das heißt, ich betrachte das anhand dieser drei Faktoren. Jeder kann einige Systeme und Untersysteme auf der Informationsebene haben. Praktisch gebe ich Ihnen eine Methode zur Steuerung dieser Information. Dieser Punkt, der sich auf der Ebene der Hand befindet, strahlt bei der digitalen Bearbeitung u. a. auch die Struktur der Wiederherstellung der Ereignisse aus. Deshalb gilt als Methode folgende Struktur:

1. Die Wiederherstellung des Selbstbewusstseins.

2. Ein System der Konzentration der Aufmerksamkeit von 22:05 Uhr bis 22:10 Uhr auf die Zeigefinger der Hände.

Das bedeutet, dass man entweder auf die Finger schauen oder die Aufmerksamkeit auf sie richten muss, oder es wird ein Schema gezeichnet, was man vor sich hingestellt und darauf schaut. Manchmal, wenn gearbeitet wird, erfolgt eine passive Konzentration. Sie können irgendetwas tun, ein Gespräch führen, aber dabei ständig diese zwei Finger im Auge behalten.

Dieser Kurs ist für die Erkenntnis gedacht. Die Information dieses Kurses, die von den allgemeinen Gebieten ausgeht und zu den konkreten und speziellen Systemen führt, entwickelt das geistige, logische und irrationale Niveau der schöpferischen Steuerung. Da die Rettung unter beliebigen Bedingungen erreicht werden soll, muss man verschiedene Steuerungs-Praktiken miteinander verbinden und in die Richtung eines adäquaten Zieles der Rettung entwickeln.